Sandra Alessio-Siedl
Eine Kinder-Yogareise in den Dschungel
Bewegungsorientierte Sprachförderung für die Grundschule

Klett I Kallmeyer

Bibliografische Information der Deutschen Nationalbibliothek
Die Deutsche Nationalbibliothek verzeichnet diese Publikation in der Deutschen Nationalbibliografie;
detaillierte bibliografische Daten sind im Internet über http://dnb.d-nb.de abrufbar.

Impressum

Sandra Alessio-Siedl
„Eine abenteuerliche Kinder-Yogareise in den Dschungel"
Bewegungsorientierte Sprachförderung für die Grundschule

1. Auflage 2023

© 2023. Kallmeyer in Verbindung mit Klett
Friedrich Verlag GmbH
D-30159 Hannover
Alle Rechte vorbehalten.
www.friedrich-verlag.de

Redaktion: Stefanie Lichtenwald, Hannover
Foto Titel: ©Yumeee/stock.adobe.com
Realisation: Friedrich Verlag GmbH, Hannover
Druck: Beltz Grafische Betriebe, Bad Langensalza
Printed in Germany

ISBN: 978-3-7727-1704-8

Sandra Alessio-Siedl

„Eine Kinder-Yogareise in den Dschungel"

Bewegungsorientierte Sprachförderung für die Grundschule

Klett | Kallmeyer

Inhalt

Danksagung 6

Vorwort 8

Einführung

Wie Bewegung auf Körper und Geist wirkt 9

Das ganzheitliche Konzept:
Kinderyoga, Lernen in Bewegung und Sprachförderung ... 11

Sprache als Schlüssel zur Welt 13

Und so gelingt die Kinder-Yogareise in den Regenwald ... 19

Umsetzung und Einsatz im Unterricht 21

Formate und Symbole in diesem Buch 22

KAPITEL 1

Unsere abenteuerliche Reise beginnt

Unsere abenteuerliche Reise beginnt 23

Reise in den Dschungel 25

Am Flughafen 33

KAPITEL 2

Ankunft im Dschungel

Ankunft im Dschungel 39

Baumriesen im Dschungel 43

Kanufahrt 47

Rosa Delfine? 55

Freunde 57

Ein Tag mit den Waldbewohnern 61

KAPITEL 3

Zeit, Abschied zu nehmen

Dankbarkeit 72

Abschied 73

Exkurs: Der Wasserkreislauf 77

Bildquellenverzeichnis 79

Danksagung

Vielen herzlichen Dank an alle Rektoren und Rektorinnen, Eltern und Kinder und meinen eigenen Sohn, die mich dabei unterstützt haben, Kinderyoga zu unterrichten, und meine Vorhaben mitgetragen haben.

Mein besonderer Dank gilt Gabriela Holzmann und Stefanie Lichtenwald, die von meinen Ideen begeistert waren und aus meinem Manuskript dieses schöne Buch haben entstehen lassen.

Es wäre so wertvoll, wenn Kinderyoga fest in Schulen, pädagogischen Einrichtungen und auch in den Familien etabliert würde. Wenn dieses Buch dazu beitragen würde, den Einstieg für Pädagogen und Pädagoginnen, Fachkräfte und Eltern und Erziehungsberechtigte zu erleichtern, wäre mein Ziel erreicht.

Nun bleibt mir noch zu sagen:
Bitte schützen Sie die Natur und setzen Sie sich für die Erhaltung des Regenwaldes ein.
Die dramatischen Folgen einer weiteren Abholzung unserer grünen Lunge sind nicht abzuschätzen.
Es besteht ein klarer Zusammenhang zwischen der Gesundheit des Regenwaldes, der Gesundheit der Erde und der Gesundheit der Bewohner und Bewohnerinnen des Planeten. Ich bin der Meinung, dass wir es unseren Kindern schuldig sind, ihnen eine Welt zeigen zu können, die voller Leben, Artenreichtum, Frieden und Harmonie ist.

Namasté!

„Bewegung ist das Tor zum Lernen."
Paul Dennison

Vorwort

Liebe Leser:innen,

Bewegungsförderung und Sprachbildung gewinnen im Unterricht zunehmend an Bedeutung und lassen sich leicht in den schulischen Alltag integrieren. Diese praxisorientierte Bewegungsgeschichte setzt ein einzigartiges Konzept aus Kinderyoga, Bewegung und Sprache um, das die Kinder mehrdimensional auf verschiedenen Ebenen anspricht. Der Fokus liegt dabei auf einer ganzheitlichen Förderung der Kinder. Dieses Buch möchte dazu inspirieren, Bewegung, Kinderyoga und Sprache als fächerübergreifendes Konzept in den Deutsch- und den Sportunterricht zu integrieren – denn Bewegung und Sprache bedingen sich gegenseitig. Unterricht wird auf diese Art und Weise lebendig, anschaulich und freudvoll. Kinder mit Sprachproblemen können ebenso Erfolgserlebnisse haben, wenn Sprache mit Bewegung und Handlung verknüpft wird. Auf diese Art und Weise wird der ganze Körper zum Lernen und Verstehen eingesetzt und Sprache regelrecht „erfahren". Die Bewegungsgeschichte nimmt die Kinder mit an einen Ort der Fantasie, den Dschungel, und regt die Kreativität der Lernenden an. Sie ermöglicht ein multidimensionales Lernen sowie vielfältige Bewegungserfahrungen und setzt parallel dazu sprachfördernde Elemente ein.

Die in diesem Buch vorgestellten Maßnahmen der Sprachförderung sind unspezifisch und dienen rein der Prävention von Sprachstörungen, nicht der Therapie. Mein Begriffsverständnis leitet sich von dem Konzept des „sprachheilpädagogischen Unterrichts" ab, wie es von Reber und Schönauer-Schneider (2014) beschrieben wird.[1]

Zielgruppe für dieses Buch sind vorrangig Grundschullehrkräfte. Die abenteuerliche Reise ist aber ebenso reizvoll für den Einsatz in Kindergärten, Kinderyogastunden, Familienyogastunden oder zu Hause. Ich wünsche Ihnen viel Freude beim gemeinsamen Bestehen von Abenteuern und dem Umsetzen der Übungen und Spiele. Die Ideen können als einzelne Bausteine oder als durchgängige Geschichte genutzt werden. Sie lassen sich ohne viel Aufwand umsetzen und oft reicht wenig Platz bzw. der Stuhl als Übungsmedium aus.

---

1 Reber, K. & Schönauer-Schneider, W. (2014): Bausteine sprachheilpädagogischen Unterrichts. München/Basel: Ernst Reinhardt Verlag.

Wie Bewegung auf Körper und Geist wirkt

Bewegung ist nicht nur sehr wichtig für die psychische und physische Gesunderhaltung der Kinder, sondern auch ein Ausdruck der Lebensfreude und eine Möglichkeit, sich die Welt zu erschließen. In der Bewegung wird Stress abgebaut, Erlebnisse und Gefühle werden verarbeitet – wir fühlen uns nach körperlicher Anstrengung viel besser als zuvor.[2]

Es wurde nachgewiesen, dass körperliche Aktivität das Gehirn stimuliert und die geistige und psychische Verfassung des Menschen zeitlebens fördert sowie Einfluss auf das Lernen nimmt. Studienergebnisse weisen zudem darauf hin, dass körperliche Aktivität Entwicklungsprozesse des kindlichen Gehirns und kognitive Fähigkeiten, z. B. Aufmerksamkeitsprozesse, unterstützt. Es ist folglich wichtig, bereits in Kindergarten und Schule die körperliche Leistungsfähigkeit zu trainieren und dies bis ins hohe Alter mit regelmäßiger körperlicher Betätigung beizubehalten.[3]

Kinderyoga im Speziellen ist gesund und hat nachweislich viele positive Wirkungen. Die unterschiedlichen Übungen helfen den Kindern, Ängste und Stresshormone abzubauen, die Körperwahrnehmung zu fördern, das Selbstvertrauen, die Aufmerksamkeit und Konzentrationsfähigkeit zu erhöhen sowie die Entspannungsfähigkeit und die Resilienz zu stärken. Zudem festigt Kinderyoga die Bindung zwischen den Kindern und den Personen, die mit ihnen üben, was im pädagogischen Kontext zu einem besseren sozialen Miteinander beiträgt, zu Hause zu einer stabilen Beziehung zum Kind und insgesamt zu einem achtsameren Umgang miteinander.

2 Vgl. Ratey, J. & Hagerman, E. (2009): Superfaktor Bewegung. Freiburg: VAK Verlags GmbH, S. 49.
3 Walk, L. (2011): Bewegung formt das Gehirn. In: DIE Zeitschrift für Erwachsenenbildung, 1, S. 27 – 29. Gütersloh: Bertelsmann Verlag. Online: https://doi.org/10.3278/DIE1101W027 (Stand: 01.08.23)

Wie Bewegung auf Körper und Geist wirkt

Die Alltagsanforderungen an Kinder werden immer höher. Infolgedessen ist es wichtig, dass sich Lern- und Entspannungsphasen bzw. Aktivität und Entspannung abwechseln. Das ist für Erwachsene und für Kinder gleichermaßen von Bedeutung. Kinderyoga hat eine aktivierende und ausgleichende Wirkung, die Kinder aufnahmebereit für neuen Lernstoff macht – denn zu einem erfolgreichen und nachhaltigen Lernen gehört neben der emotionalen Bedeutsamkeit des Lernstoffs, der Freude am Lernen und der freundlichen Atmosphäre auch die Entspannung.[4]

Das heißt nicht, dass Lernen durchweg ein reines Vergnügen sein muss: Lernen darf auch anstrengend sein, zum Problemlösen anregen und herausfordern. Wenn Lernende etwas leisten müssen, erwachsen daraus Selbstvertrauen und Lust auf neue Lerninhalte. Kinder brauchen aber, wie oben erwähnt, auch Entspannung und je öfter mit ihnen Entspannungsübungen durchgeführt werden, desto länger können sie darin verweilen. Laut dem DAK-Präventionsradar Welle 3 (2018/2019) empfinden 42 % der Kinder und Jugendlichen in Deutschland oft oder sehr oft Stress. Gerade dann, wenn Kinder stark gefordert sind, brauchen sie Entspannung.[5]

Es ist zu empfehlen, diese Übungen regelmäßig mit den Kindern, z. B. am Ende eines Schultags, durchzuführen und auch vor bzw. nach längeren anspruchsvollen Einheiten nicht darauf zu verzichten. Durch Entspannungsübungen wird der Parasympathikus aktiviert, der das Herz-Kreislauf-System beruhigt, wodurch die Atmung verlangsamt, Stress reduziert, der Körper regeneriert und Glückshormone ausgeschüttet werden können. Wissenschaftliche Studien haben bestätigt, dass die regelmäßige Anwendung von Entspannungsübungen einen erholsamen Schlaf fördert und man möglichen Stress- und Angstsituationen mit mehr Gelassenheit begegnen kann.

4 Robert Koch-Institut (RKI) (2020): AdiMon-Themenblatt: Stressbelastung bei Kindern und Jugendlichen (Stand: 29. September 2020). Online: https://www.rki.de/DE/Content/Gesundheitsmonitoring/Studien/Adipositas_Monitoring/adi_mon_node.html (Stand: 01.08.23)

5 Praventionsrardar (2019): Kinder- und Jugendgesundheit in Schulen. Online: https://www.dak.de/dak/download/praeventionsradar-2019-2266684.pdf (Stand: 01.08.23)

Kinderyoga, Lernen in Bewegung und Sprachförderung

Jeder Mensch verfügt über verschiedene Zugangswege und -kanäle, um Informationen aufzunehmen und zu verarbeiten. Werden den Kindern unterschiedliche Wege der Informationsaufnahme und -verarbeitung bewusst angeboten, haben sie die Möglichkeit, auf vielfältige Weise zu lernen, Wissen abzuspeichern und abzurufen. Auf diese Weise werden entsprechende Zentren im Gehirn aktiviert, die die Informationsverarbeitung positiv beeinflussen und dazu führen, dass Informationen durch ein ganzheitliches Lernen tief im Gehirn verankert werden.

Kinderyoga, Lernen in Bewegung und Sprachförderung

Kinder lernen am besten, wenn ihre Interessen berücksichtigt werden, wenn sie aktiv handeln und kreativ sein können. Eine Erfahrung mit allen Sinnen erleichtert das Lernen, ebenso wie vielfältige Vernetzungen und eine positive unterstützende Atmosphäre. Es ist bedeutsam, den kreativen Ideen der Kinder Raum zu geben und diese zu vertiefen.

Die Verknüpfung von Bewegung und Sprache mit der Dschungelreise ermöglicht ein ganzheitliches Lernen mit allen Sinnen. Die Kinder werden multidimensional gefördert und ein mehrperspektivisches, fachübergreifendes Unterrichten wird ermöglicht. So wird Lernen nachhaltig.

Dem ganzheitlichen Konzept Kinderyoga, Bewegung und Sprachförderung kommt besondere Bedeutung zu, denn hier können die Kinder auf verschiedenen Ebenen erreicht werden. Die vorgestellte Bewegungsgeschichte nimmt sie mit auf eine abenteuerliche Reise in den Dschungel, die zum Lernen mit allen Sinnen anregt. Durch die abwechslungsreichen Kinderyogaübungen werden den Kindern vielfältige Bewegungserfahrungen, ein kreatives Spielen mit Sprache und Leichtigkeit und Freude am Lernen vermittelt.

Im Zentrum der Unterrichtseinheit stehen Kinderyoga, Bewegungselemente und Sprachförderung, insbesondere die Wortschatzerweiterung im Bereich der Nomen und Verben zum Thema „Dschungel". Die Geschichte ist schwerpunktmäßig für den Einsatz im Deutsch- und Sportunterricht konzipiert, bietet aber auch viele Möglichkeiten, um in anderen Fächern aufgegriffen zu werden.

Sprache als Schlüssel zur Welt

In allen Fächern, in vielen Förderbereichen und als zentrale Voraussetzung für Bildungserfolg nehmen die sprachlichen Fähigkeiten eine bedeutsame Rolle ein. Zentrales Medium im Unterricht ist die Sprache, deren Umsatz im Verlauf eines Unterrichtsvormittages sehr hoch ist. Die altersgemäße Entwicklung der deutschen Sprache stellt somit eine bedeutende Voraussetzung für den gelingenden Verlauf der kindlichen Sozialisation, der kognitiven Entwicklung und schließlich auch der schulischen Laufbahn dar.[6]

Aus diesen und vielen anderen Gründen ist die Förderung der kindlichen Sprachentwicklung bei Kindern mit und ohne Migrationshintergrund ein sehr wichtiger Bestandteil des Bildungsauftrags an Kindergärten und Schulen. Der Sportunterricht bietet besonders vielfältige Möglichkeiten für sprachliches Handeln, das in unmittelbarem Bezug zur Bewegung steht. Lernende sammeln Erfahrungen durch und mit Bewegung und verbinden damit Wörter, erlernen Fachvokabular, um an Sport und Spiel teilnehmen zu können,

tauschen sich mit anderen Kindern aus, diskutieren Spielregeln, geben sich gegenseitig Tipps und Feedback für ein positives Bewegungserlebnis.

Wichtig ist in diesem Zusammenhang, dass die Lehrkraft sich darüber bewusst ist, als sprachliches Vorbild zu fungieren, Sprache kindgerecht, verständlich und fehlerfrei zu verwenden und den Kindern Möglichkeiten zur sprachlichen Interaktion zu geben, denn die eigene Sprachproduktion ist essenziell zur Entwicklung von Sprachkompetenzen. Wie Dannenbauer (2002b) schreibt, ist „ohne Interaktion kein Spracherwerb möglich".[7] Aber auch Bewegungsangebote und -spiele stellen im sozialen Kontext natürliche Sprachanlässe und Sprachlernsituationen dar. Die Lehrkraft kann bewusst sprachförderliche Verhaltensweisen anwenden, wie z. B. das handlungsbegleitende Sprechen, offene Fragestellungen, Erweiterung von Äußerungen der Kinder etc. Die Bewegungs- und die Sprechfreude der Lernenden sollten dabei immer im Vordergrund stehen.

6   Albers, T. (2009): Sprache und Interaktion im Kindergarten. Bad Heilbrunn: Klinkhardt Verlag.

7   Dannenbauer, F. M. (2002b): Grammatik. In: Baumgartner, S. & Füssenich, I. (Hrsg.): Sprachtherapie mit Kindern. München/Basel: Ernst Reinhardt, S. 105 – 161.

Sprache als Schlüssel zur Welt

Ausgewählte sprachfördernde Elemente genau erklärt

Zungenbrecher

Eine sprachanregende Umgebung in einer leistungs- und bewertungsfreien Atmosphäre unterstützt die Kinder beim Sprachlernen und beim Entwickeln sprachlicher Kompetenzen. Die spielerische Beschäftigung mit Sprache ist einfach, unterhaltsam und nachhaltig. Sie weckt zudem Freude am Sprechen und Erzählen, z. B. in Form von Zungenbrechern und Wortspielen.

Zungenbrecher sind ideal dazu geeignet, eine deutliche Aussprache zu trainieren und die Konzentration zu steigern. Klar artikuliertes und rhythmisches Sprechen sorgt für eine nachhaltige Stärkung des Atemstroms und belüftet so den Nasen-, Rachen- und Ohrenraum. Über Zungenbrecher und damit einhergehende Fehler zu lachen trägt zur Auflockerung des Unterrichts bei und ist bei vorheriger Thematisierung erwünscht.

So geht es:

- Die Lehrkraft spricht den Zungenbrecher mehrmals langsam und deutlich vor. Unbekannte Wörter werden erklärt, denn wenn die Kinder den Spruch nicht verstehen, wird es ihnen schwerfallen, ihn sich zu merken.
- Der Zungenbrecher wird mindestens drei Mal schnell hintereinander wiederholt.
- Gemeinsame Freude über Versprecher ist erlaubt, denn Fehler passieren und sind in diesem Fall auch lustig.
- Der Spaß steht hier im Vordergrund. Wenn ein Kind nicht mehr üben möchte, sollte es nicht dazu gezwungen werden.

Sprache als Schlüssel zur Welt

Phonologische Bewusstheit

Um über Sprache nachdenken und bewusst reflektieren zu können, muss Sprache auf eine Metaebene gehoben werden. Hilfreich ist dabei die Schriftsprache, da sie länger präsent bleibt als die gesprochene Sprache. Der Begriff „phonologische Bewusstheit" beschreibt die Fähigkeit, die Aufmerksamkeit auf den Lautaspekt der Sprache zu richten und die Lautstruktur der Sprache zu erkennen, unabhängig von ihrem Inhalt. Studien belegen die Bedeutsamkeit der phonologischen Bewusstheit für den Schriftspracherwerb.

Es werden die phonologische Bewusstheit im weiteren und engeren Sinn unterschieden.
- Phonologische Bewusstheit **im weiteren Sinn** bezieht sich auf das Erkennen von Reimpaaren, das Zusammensetzen und Zerlegen von Silben.
- Phonologische Bewusstheit **im engeren Sinn** bezieht sich auf das Erkennen von An- und Endlauten und das Zergliedern von Wörtern in Phoneme sowie deren Synthese.

Phonologische Bewusstheit allgemein lässt sich optimal durch Spiele zur akustischen Wahrnehmung, wie z. B. das Richtungshören, durch Reim- und Silbenspiele, durch das Hören von Lauten und das Zergliedern von Wörtern, fördern.

Handlungsbegleitendes Sprechen
Die Kinder lernen die Welt begrifflich kennen, wenn das Tun von der Lehrkraft oder den Eltern sprachlich begleitet wird.

Kommunikation
Um die Kinder zum Sprechen anzuregen, eignen sich Vermutungsphasen. Dazu werden den Kindern mündlich oder schriftlich Satzanfänge angeboten, die es ihnen erleichtern, Sätze zu formulieren und ihre Vermutungen zu äußern.

Sprache als Schlüssel zur Welt

Wortschatz und Semantik

Den aktiven und passiven Wortschatz zu erweitern sowie die Bedeutung der Wörter zu verstehen ist für den Sprach- und den Schriftspracherwerb essenziell. In diesem Buch wird die Wortschatzerweiterung im Bereich der Nomen und Verben zum Thema „Dschungel" gefördert.

Wort des Tages oder der Woche

Ritualisiert kann zur Kinderyoga-Reise in den Dschungel ein Wort des Tages oder der Woche von der Lehrkraft präsentiert oder von der ganzen Klasse gekürt werden. Dieses Wort wird besprochen, in Silben gegliedert, genau untersucht und gut sichtbar in der Klasse präsentiert. Eventuell gibt es zu dem besonderen Wort einen Gegenstand oder ein Spielzeug, das zuerst befühlt werden kann. Je nach Wortart können z. B. zusammengesetzte Nomen gefunden, ein Mindmap angelegt, Bausteine aufgeschrieben oder auch Vor- und Nachsilben gefunden werden.

Wortschatzkiste

Begleitend zur Bewegungsreise in den Dschungel werden die passenden Begriffe in einer gemeinsam gestalteten Schatzkiste gesammelt – der Wortschatz zur Reise, der sich auf den semantischen Rahmen „Dschungel" bzw. „Tiere im Dschungel" bezieht. Dieser kann vielfältig für Spiele, wie z. B. Montagsmaler, Quiz am Freitag, Memory, in der Klasse, oder auch für Erzählanlässe genutzt werden, um den Wortschatz zu festigen

Artikulationsförderung

Spiele zur Artikulation und Mundmotorik bereiten den Kindern oft Freude. Fördermöglichkeiten im Bereich der Aussprache gibt es sehr viele, z. B. in der Kinderyogahaltung „Schlange" wie eine Schlange zischen oder den Wind mit „Schsch"-Lauten nachahmen. Weitere Beispiele finden sich in der Bewegungsgeschichte.

Sprache als Schlüssel zur Welt

Einsatz der Schriftsprache

Die Schriftsprache ist nachhaltiger als die mündliche Sprache und kann vielfältig eingesetzt werden, um die Kinder sprachlich zu fördern:

- Satzeinstiegshilfen erleichtern den Kindern das Formulieren von Sätzen.
- Der Einsatz von differenzierten Lesetexten (evtl. mit Silbenkennzeichnung durch zwei Farben), je nach Alter der Kinder, unterstützt das Erlesen der Informationen und wird begleitet von Sinnfragen.
- Die Kinder könnten aufgefordert werden, Ideen für den Fortgang der Geschichte zu finden und je nach Klassenstufe beispielsweise in einer Sprechblase oder in einem Geschichtenheft zu verschriftlichen.

Darstellendes Spiel

Durch das Nachspielen von Szenen wird an einem vertieften Verständnis für eine Handlung und an der Verknüpfung mit dem Wortschatz gearbeitet.

Bewusste Atmung

Sie ist die Voraussetzung für eine bewusste Luftstromführung, wie sie z. B. bei der Bildung von Plosiven gebraucht wird, für die Phonation, Lautierung und Artikulation. Eine bewusste und tiefe Atmung entspannt und lustige Atemspiele motivieren die Kinder, mit ihrem Atem zu experimentieren. Atemübungen können zudem die Lungenkapazität verbessern, was zu einer besseren Ausdauer und Leistungsfähigkeit beiträgt. Bei einer verlängerten Ausatmung – wie es bei Pusteübungen meist der Fall ist – wird der Parasympathikus aktiviert, der für Entspannung und Regeneration verantwortlich ist.

Sprache als Schlüssel zur Welt

Einsatz von Bildern und Kinderyoga

Bilder und die Umsetzung der Dschungeltiere in Kinderyoga-haltungen unterstützen die Kinder beim Sinnverstehen immens. Sie ermöglichen den Lernenden einen kindgerechten Zugang und schaffen eine thematische Verbundenheit.

Verwendung von Signalkarten

Signalkarten für Ruhe, Stuhlkreis, Sitzkreis, Partnerarbeit, Bewegungspause etc. entlasten die Stimme der Lehrkraft und den auditiven Kanal der Lernenden. Zudem ist es so wohl für die Kinder als auch für die Lehrkräfte im Unterricht sehr unterstützend, auf vertraute, ritualisierte Übungen zurückzugreifen (s. Download **Signalkarten**).

Rhythmik

Bewegungs- und Sprachrhythmus bedingen sich wechsel-seitig.

Präpositionen

Es ist wichtig, Präpositionen zu sichern, da sie für die räum-lichen Beziehungen eine wichtige Rolle spielen.

Downloadmaterial
Signalkarten

Und so gelingt die Kinder-Yogareise in den Regenwald

Bevor die Reise beginnen kann, sind einige Vorbereitungen nötig:

- Schaffen Sie eine ruhige, entspannte und wertungsfreie Atmosphäre (z. B. mithilfe einer Kerze, entspannender Musik, angenehmem Licht, Kuscheltieren etc.).
- Alle Kinder haben einen eigenen Platz zur Verfügung.
- Planen Sie ausreichend Zeit ein.
- Barfuß üben ist – wenn möglich – von Vorteil.
- Nicht gleich nach dem Essen, aber auch nicht mit leerem Magen üben.
- Durch die Nase ein- und ausatmen, wenn nichts anderes angegeben ist.
- Es geht nicht um Perfektion oder um die korrekte Haltung der Position, sondern um Spaß an der Bewegung, Selbsterfahrung und ein entspanntes und lustiges Miteinander – frei von jeder Erwartung und von Leistungsdruck.

- Lob und Ermutigung stärken Kinder in allen Lebenslagen. Es ist schön, Fortschritte der Kinder wahrzunehmen und zu beschreiben.
- Entspannungsübungen sind sehr gewinnbringend und je öfter diese durchgeführt werden, desto leichter finden die Kinder Entspannung. Sinnvoll wäre es, wenn Entspannungsübungen regelmäßig durchgeführt werden, damit sich die Kinder eine Entspannungsroutine aneignen, denn Kinder brauchen Rituale. Sie helfen ihnen, sich im (Schul-)Alltag zu orientieren, und geben ihnen Sicherheit.

Und so gelingt die Kinder-Yogareise in den Regenwald

Materialien:

- Alltagsmaterialien, wie z. B. eine Decke, Kissen, Teppich, Kuscheltiere etc., lassen sich gut in die Einheiten einbauen.
- Zusätzliche Materialien, die der Schule zur Verfügung stehen und die Geschichte noch mehr zu einem Erlebnis werden lassen, wie z. B. Instrumente, Augensäckchen etc., sind ebenfalls willkommen.
- Bildkarten und Piktogramme (s. **Signalkarten**) zur Entlastung der Lehrer:innensprache und zur Erhöhung der Sprechanteile der Lernenden sind hilfreich.
- Eine Handpuppe als Maskottchen (hier: ein Äffchen), die die Kinder durch die Geschichte führt, ist für jüngere Kinder reizvoll und ermöglicht viele Sprechanlässe.

„Eine Kinder-Yogareise in den Dschungel" – eine ganzheitliche Bewegungsgeschichte für Kinder:

- Die Übungen und Spiele sind in eine abenteuerliche Bewegungsgeschichte eingebettet, die einer genauen Anleitung folgen.
- Unter Einbezug von bunten Tier- und Pflanzenbildern, Atemübungen und -spielen, Sprach- und Sprechspielen, Lernen in Bewegung, Kinderyogaübungen und einer abschließenden Fantasiereise wird bewegtes Lernen kindgerecht aufbereitet.

Didaktischer Hinweis

- Die einzelnen Kapitel bieten über die Übungen und Spiele hinaus auch Hinweise zur Bewegungsausführung und Sprachförderung, die zudem Tipps und Differenzierungsmöglichkeiten inkludieren, an denen sich die Lehrperson orientieren kann.

Regelmäßig durchgeführte Kinderyogaübungen (dazu zählt Bewegung, Atmung, Achtsamkeit und Entspannung) werden von den Kindern in der Regel sehr gut angenommen. Sie werden überrascht sein, wie entspannt und aufnahmebereit die Kinder sind.

Umsetzung und Einsatz im Unterricht

Einsatz als Unterrichtseinheit

Das Thema „Dschungel" lässt sich vielfältig und fächerübergreifend gestalten. Wenn die Bewegungsgeschichte als Projekt auf mehrere Wochen angelegt wird, könnte beispielsweise das Klassenzimmer dekoriert und mit Pflanzen, Bildern, Sachbüchern, Bilderbüchern und Kunstwerken der Kinder ausgestattet werden.

Um die gemeinsam erlebte Geschichte zu visualisieren, könnte an einer Seitenwand ein roter Faden über die gesamte Länge des Raums gespannt und die wichtigsten Stationen dargestellt werden. Dieser rote Faden eignet sich dazu, bereits Erlebtes nachzuerzählen, Fragen zu vertiefen, Vermutungen über den Fortgang der Reise anzustellen, bereits Gelerntes und gemeinsam Erlebtes zu präsentieren und an die Geschichte anzuknüpfen, wenn die Bewegungsreise auf mehrere Einheiten verteilt wird.

Einsatz einzelner Kapitel

Die Kapitel in diesem Buch eignen sich jedoch auch für kurze Yoga- und Spracheinheiten zwischendurch – sei es der aktive Einstieg in eine Unterrichtsstunde, eine abenteuerliche Vertretungsstunde, ein thematisch passender Anknüpfungspunkt sowie kurze Konzentrations- und Bewegungspausen. Auch ohne den Gesamtkontext sind die einzelnen Kapitel unabhängig voneinander durchführbar.

Lese- und Lektüretipps:

- „Das Dschungelbuch" von Rudyard Kipling
- „Wer kann Rimbambaumeln?" von Nicolas D'Aujourdh'hui

Musik und Tanz:

- Soundtrack von „Das Dschungelbuch"
- Tanz zum Lied „Probier's mal mit Gemütlichkeit"
- Lied: „Die Affen rasen durch den Wald"

Formate und Symbole in diesem Buch

Spiel

Mit diesem Symbol gekennzeichnete Übungen stellen spannende Bewegungs- und Sprachspiele dar, die sich gut für kurze Bewegungs- sowie Lernpausen eignen.

Yogaübung

Bei diesen Übungsformaten widmen sich Kinder explizit ihrer Atmung, Konzentration und Entspannung. Die Yogaübungen schaffen Momente der Achtsamkeit und ein ganzheitliches Lernen mit allen Sinnen.

Downloadmaterialien

Alle Materialien zu den Kapiteln befinden sich im Downloadbereich (Anleitung zu den Downloads auf S. 80).

Sprachförderung

Übungen mit Fokus auf der Sprachförderung befassen sich kindgerecht und differenziert mit der phonologischen Bewusstheit und der Wortschatzerweiterung im Bereich der Nomen und Verben.

Sachinformation

Die Sachinformationen in diesem Buch liefern Kindern interessantes Hintergrund- und Fachwissen zu ausgewählten inhaltlichen Themenbereichen.

Unsere abenteuerliche Reise beginnt

KAPITEL 1

PAZIFISCHER OZEAN

ATLANTISCHER OZEAN

EUROPA

ASIEN

PAZIFISCHER OZEAN

AFRIKA

SÜD-AMERIKA

INDISCHER OZEAN

„Nichts ist im Verstand, was nicht vorher in den Sinnen gewesen ist!"

John Locke

Unsere abenteuerliche Reise beginnt

Heute beginnt unsere gemeinsame Kinder-Yogareise!
Lass uns gemeinsam viele Abenteuer erleben.
Wo unsere Reise hingeht, verrate ich noch nicht,
du kannst es aber mithilfe der Hinweise selbst herausfinden.

1. Hinweis: Dort, wo wir hinreisen, gibt es nur wenige Menschen.
2. Hinweis: Dort, wo wir hinreisen, gibt es viele Bäume und Pflanzen.
3. Hinweis: Dort, wo wir hinreisen, ist es sehr warm und es regnet oft einmal am Tag.
4. Hinweis: Dort, wo wir hinreisen, gibt es gefährliche Tiere, wunderschöne Pflanzen und einen langen Fluss, den Amazonas.
5. Hinweis: Greif in den Fühlsack und ertaste den verborgenen Gegenstand (Fühlsack mit Kokosnüssen im Kreis herumgehen lassen).

Na, weißt du, wo die Reise hingeht?

Sprachförderung

Hilfestellung
- Satzeinstiegshilfen mündlich oder schriftlich anbieten: „Vielleicht ..." „Ich glaube, dass ..." „Ich vermute, dass ..."

Ziele
Interesse der Kinder wecken

unterstützte Sinnentnahme durch das Hörbild

Vorwissen der Kinder aktivieren

sprachlichen Einstieg in das Thema erleichtern

Reise in den Dschungel

Ganz genau, wir machen eine Reise in den Dschungel Brasiliens, zum größten Fluss der Erde, dem Amazonas! Brasilien ist das größte Land Südamerikas und das fünftgrößte Land der Welt. Hier gibt es die dicksten und größten Bäume, die du dir vorstellen kannst!

Es gibt wilde, lustige, bunte und auch sehr gefährliche Tiere: Riesenschlangen, Kaimane, Flussdelfine, riesengroße Schmetterlinge, die in allen Farben des Regenbogens leuchten, und Völker, die noch kaum ein Mensch gesehen hat!

An den Lianen im Dschungel hangeln sich unzählige Affen entlang. Kikhi, ein Kapuzineräffchen, begleitet uns auf der Reise durch den Dschungel. Manchmal hängt es an seinem Schwanz von einem Baum herunter. Vor allem, wenn es die Hände voll mit leckeren Früchten hat, die es sich schmecken lässt. Lass uns gemeinsam den Namen „*Kikhi*" in Silben klatschen: Ki – khi.

Downloadmaterial M1:
Kapuzineräffchen

Sprachförderung

Phonologische Bewusstheit

Das Kaupzineräffchen (**M1**) kann mit Klebezetteln abgedeckt werden. Schrittweise werden die Zettel aufgedeckt, wobei die Kinder die sichtbar werdenden Details versprachlichen. Besonderheiten sollten hervorgehoben und besprochen werden.

(Klassenraum)

Reise in den Dschungel

Yogaübungen

Affe

Stell dir vor, du wärst Kikhi, der Affe. Komm dafür in die Hocke, die Hände sind zwischen den Füßen auf dem Boden platziert. Bleck die Zähne und mach schnell hintereinander Laute wie ein Affe:

„Hi hi hi hi hi hi, hu hu hu hu."

Du kannst wie ein wilder Affe tief in der Hocke mit langen Armen hin- und herhüpfen. Aber pass gut auf, dass du keinem anderen Affen in die Quere kommst. Vielleicht kannst du auch einen anderen Affen entlausen. Mmmh, das schmeckt gut!

Auf eine Palme klettern

Kletter nun blitzschnell auf eine hohe Palme. Bewege dabei zunächst den linken Ellenbogen zum rechten Knie und dann den rechten Ellenbogen zum linken Knie. Versuche, immer schneller zu werden. Weit oben kannst du nach einer Kokosnuss greifen. Streck dazu im Stehen oder Sitzen abwechselnd den linken und rechten Arm weit nach oben und greif nach der Kokosnuss. (Klassenraum/Turnhalle)

Ziel
Verbesserung der Koordination

bessere Zusammenarbeit der Gehirnhälften durch die Überkreuzbewegung beim Klettern

Reise in den Dschungel

 **Spiel**

Kikhi sagt ...
In diesem Spiel geben ein Kind und die Lehrkraft Anweisungen zum Einüben und Verdeutlichen der Präpositionen.
(Klassenraum)

Ein Beispiel:

- Kikhi sagt: *„Stell dich auf den Stuhl!"*
- Alle Kinder müssen sich auf ihren Stuhl stellen.
- Wird „Kikhi sagt" weggelassen, dürfen die Kinder nicht auf die Bewegungsanweisung reagieren. Wer sich irrt, gibt die nächste Anweisung.
- Beispiele: *Setz dich unter den Tisch! Stell dich auf den Tisch! Setz dich links neben deinem Stuhl in die Hocke! Kletter über deinen Stuhl! Hüpf über deine Schuhe! Versteck dich hinter deinem Stuhl! Kletter auf den Tisch!*

 Sprachförderung

- Anweisungen können auch in englischer Sprache oder in anderen den Kindern bekannten Fremdsprachen erfolgen.

Ziele
Förderung des Anweisungsverständnisses

Sicherung der Präpositionen

Reise in den Dschungel

 **Bewegungsspiele**

Die Affen sind los!

Die Kinder werden in zwei Gruppen eingeteilt, die Affen und die Kokosnussdiebe. Überall auf dem Spielfeld liegen Kokosnüsse (Bälle) verteilt. Es gibt drei Kokosnuss-Sammelstellen (Kästen), die von den Kokosnussdieben mit möglichst vielen Kokosnüssen gefüllt werden sollen. Die Affen versuchen währenddessen, die Sammelstellen möglichst schnell wieder auszuräumen. Die Diebe bestimmen einen Wächter, der die Affen fangen kann. Wird ein Affe gefangen, muss er die Kokosnuss wieder zur Sammelstelle bringen. **(Turnhalle)**

> **Ziel**
> *Förderung der Kooperation und des Zielwerfens*

Fang die Kokosnuss!

Variante 1:

Finde dich mit einem anderen Kind zusammen. In der Turnhalle ist an zwei Tauen mit Ringen ein Reifen befestigt, durch den ihr euch einen Ball (die Kokosnuss) zuwerft. Um verschiedene Wurfgeräte zu erproben, könnt ihr unterschiedliche Bälle verwenden (Tennisball, Flatterball, Jonglierball etc.). Falls keine Taue mit Ringen vorhanden sind, kann der Reifen auch am Basketballkorb befestigt oder zwischen mehreren blauen Matten eingeklemmt werden. **(Turnhalle)**

Variante 2:

Findet euch wieder zu zweit zusammen und werft abwechselnd verschiedene Bälle (Kokosnüsse) so gegen die Wand, dass eure Partnerin oder euer Partner ihn fangen kann.

> **Ziel**
> *Förderung des Zielwerfens und Fangens*

Reise in den Dschungel

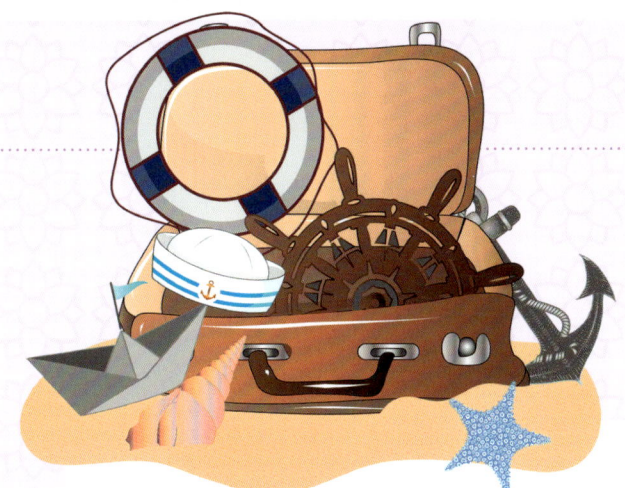

Nun ist es an der Zeit, unsere Koffer zu packen, damit wir nach Brasilien in den Dschungel reisen können! Hast du eine Idee, was du gerne mit auf die Reise nehmen möchtest?

 **Sprachspiel**

Ich packe meinen Koffer

Wir sitzen alle im Kreis. Im Uhrzeigersinn nennt jedes Kind einen Gegenstand, den es gerne mit nach Brasilien nehmen möchte. Damit nichts vergessen wird, wiederholen wir gemeinsam die bis dahin genannten Gegenstände und das nächste Kind fügt jeweils einen neuen Gegenstand hinzu. **(Klassenraum)**

Hilfestellungen und Erweiterung

- Falls die Inspiration fehlt, kann die Lehrkraft ein Kästchen mit Bildkarten vorbereiten.
- Zu ihren Gegenständen können sich die Kinder passende Bewegungen oder Kinderyogaübungen einfallen lassen.
- Das Spiel kann auch im Fremdsprachenunterricht gespielt werden.

Ziele

Wortschatzförderung und -erweiterung

Einübung von Akkusativstrukturen und Chorsprechen

Förderung des Zuhörens, der Konzentration und der Bewegungsfreude

Reise in den Dschungel

So könnte das Spiel beispielsweise ablaufen:

Kind 1:
„Ich packe meinen Koffer und nehme einen Teddybären mit."
- optionale Bewegung: sich selbst umarmen
- Alle wiederholen den Satz und führen die Bewegung aus.

Kind 2:
„Ich packe meinen Koffer und nehme eine Zahnbürste mit."
- optionale Bewegung: Zähne zeigen
- Alle wiederholen: „Ich packe meinen Koffer und nehme einen Teddybären (sich selbst umarmen) und eine Zahnbürste mit (Kinder zeigen Zähne)."

Kind 3:
„Ich packe meinen Koffer und nehme einen Hund mit."
- optionale Bewegung: Vierfüßlerstand und bellen
- Alle wiederholen: „Ich packe meinen Koffer und nehme einen Teddybären (sich selbst umarmen), eine Zahnbürste (Kinder zeigen Zähne) und einen Hund mit (Vierfüßlerstand und bellen)."

Reise in den Dschungel

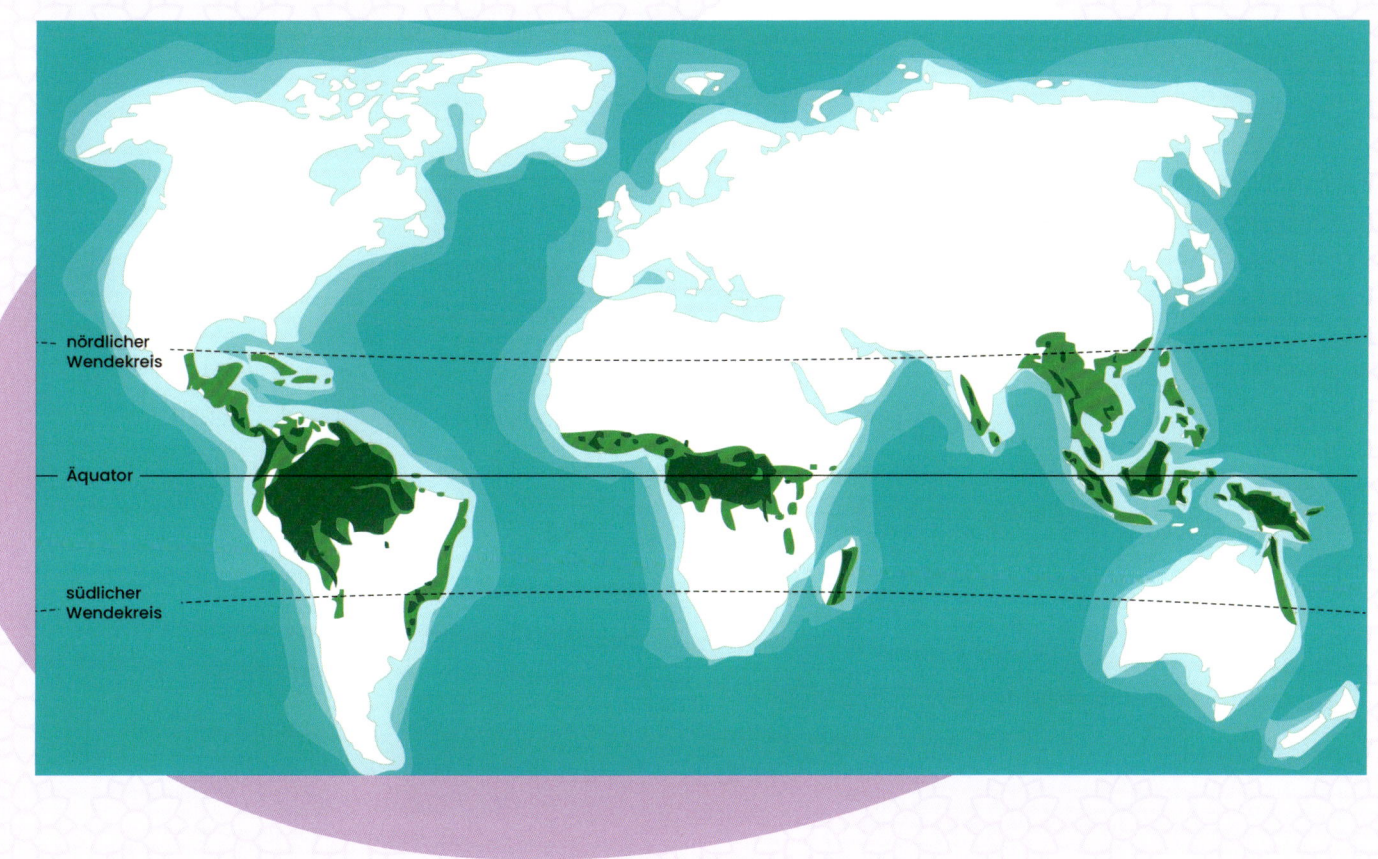

Reise in den Dschungel

 Sachinformation

Der Regenwald

Das Wort „Dschungel" stammt vom indischen Wort „Jangal" ab, was so viel wie Wildnis bedeutet. Die Regenwälder nennt man auch oft Dschungel, weil wir sie mit wilder Natur verbinden. Regenwälder sind Wälder, in denen es oft und viel regnet. Die immergrünen, tropischen Regenwälder ziehen sich wie ein grüner Gürtel rund um den Äquator der Erde. Das ganze Jahr über herrscht dort ein feuchtes und warmes Klima. Es gibt keine Jahreszeiten, weil die Sonne über dem Äquator zwölf Stunden am Tag senkrecht steht. Es gibt aber Trockenzeiten und auch Regenzeiten.

Das Wasser aus dem Boden und aus den Gewässern, wie z. B. dem Amazonas, erwärmt sich, verdunstet und steigt als Wasserdampf in die Atmosphäre. Dort kühlt der Wasserdampf ab und es bilden sich Tröpfchen, die als Niederschlag bzw. Regen wieder auf die Erde fallen. Unten angekommen, versickert das Wasser entweder im Boden oder fließt bergab in das nächste Gewässer. Der Wasserkreislauf schließt sich und beginnt wieder von Neuem.

Die Regenwälder der Erde sind sehr wichtig für uns, denn sie haben einen positiven Einfluss auf unser Klima, schützen vor Dürrekatastrophen und liefern uns Sauerstoff. Außerdem kommen viele Wirkstoffe in Medikamenten aus dem Regenwald und für zahlreiche Menschen und Tiere ist er ein Zuhause. **(Klassenraum)**

 Sprachförderung

- Die Weltkarte mit eingezeichneter Äquatorlinie bietet die Möglichkeit, die Kontinente, den Äquator, den Dschungel und Brasilien mit den Kindern zu thematisieren und sie zum sprachlichen Handeln zu motivieren.

Mögliche Impulsfragen
- Was ist der Unterschied zwischen Regenwald, Dschungel und Urwald?
- Wo genau gibt es Regenwälder?
- Gibt es im Regenwald auch Jahreszeiten?
- Regnet es oft im Regenwald?
- Was genau ist der Wasserkreislauf?
- Ist der Regenwald wichtig für die Menschen?

Am Flughafen

Um in den Dschungel Brasiliens zu reisen, brauchen wir erst ein Auto und dann ein Flugzeug. Als Erstes begeben wir uns mit dem Auto zum Flughafen.

Yogaübung

Autofahren

Wir sitzen alle im Kreis und strecken die Beine nach vorne aus. Mit dem Auto fahren wir nun zum Flughafen. Wir zaubern uns ein Lenkrad her:

„1 ,2 ,3 Zauberei, Lenkrad herbei! Hex, hex!"

Jetzt schnall dich an, umfass mit beiden Händen das Lenkrad und fahr auf beiden Sitzknochen nach vorne, bis sich alle Füße für eine Fußkarambolage berühren. Wenn du möchtest, kannst du auch Autogeräusche machen. Fahr dann rückwärts wieder zurück, dreh dich um und fahr rückwärts zur Kreismitte, bis sich die Rücken aller Kinder leicht treffen. Das ist eine großartige Rückenmassage. Und nun fahr vorwärts wieder zurück zum Anfang.

(Turnhalle/Klassenraum)

Bewegungsspiel

Autorennen

Markiert mit einem Seil oder mit Pylonen eine Start- und eine Ziellinie und macht ein Autorennen. Rutscht wieder auf euren Sitzknochen – wer am schnellsten über die Ziellinie rutscht, gewinnt das Rennen. Für die nächste Runde könnt ihr euch auch andere Fortbewegungsarten überlegen.

(Turnhalle)

Sprachförderung

- Die Kinder können selbst Reimsprüche für Dinge am und im Auto finden, die sie zum Fahren brauchen.

Ziel
Förderung der phonologischen Bewusstheit

Hinweis

Falls die Übung im Klassenzimmer durchgeführt wird, können die Kinder auch im Stuhlkreis sitzen. Das Rutschen auf den Sitzknochen kann dann weggelassen werden.

Am Flughafen

Nach der turbulenten Autofahrt sind wir endlich am Flughafen angekommen! Um die Zeit bis zum Abflug zu überbrücken, spielen wir noch ein kleines Reimspiel.

Sprachspiel

Reim-Zaubersprüche

Lasst uns gemeinsam Reim-Zaubersprüche erfinden, um eine Sonnenbrille, ein Sportauto, eine Limousine, ein Getränk und vieles mehr herbeizuzaubern. Ein Beispiel-Zauberspruch: „Ene, mene Bad, hier kommt jetzt ein Lenkrad."

Sprachförderung

Hilfestellung

- Kinder, die sich schwer damit tun, eigene Reimsprüche zu erfinden, erhalten fertige Reimsprüche, in denen sie ein Wort ergänzen (z. B. „Ene, mene, Rose, hier kommt jetzt eine ... " (Badehose), oder sie erhalten Reimsprüche, in denen die zweite Satzhälfte fehlt (z. B. „Abrakadabra 1,2,3, ... " (Lenkrad komm herbei).

Yogaübung

Kompassatem

Um herausfinden, in welche Himmelsrichtung wir reisen, stellen wir uns aufrecht und hüftbreit hin. Wir heben beim Einatmen die Arme gestreckt nach vorne. Die Handflächen berühren sich. Dann atmen wir wieder ein und breiten die Arme mit Schwung nach links und rechts wie ein T aus. Wir atmen tiefer ein und bringen die Arme nach oben. Mit einer tiefen Ausatmung kommen wir schwungvoll nach unten. Wir wiederholen die Übung und sagen mit jeder Bewegung eine Himmelsrichtung: Zeigen die Arme nach vorne: „Norden", zur Seite: „Osten", nach oben: „Süden", und wenn die Arme locker nach unten hängen: „Westen". Nach Brasilien geht's in Richtung Südwesten!
(Turnhalle/Klassenraum)

Ziele
Dehnung der Beinrückseiten in der Vorbeuge

erfrischende Wirkung durch die Einatmung

Bewegungspause

Am Flughafen

Es ist so weit – wir steigen in das große Flugzeug ein, das uns nach Brasilien bringt. Die Maschine startet gleich.

Yogaübung

Flugzeug

Stell dich mit beiden Beinen auf den Boden und heb das rechte Knie nach oben. Verlager dein Gewicht nun nach vorne und streck das rechte Bein lang nach hinten aus. Die Arme nimmst du wie Flügel zur Seite. Auf deinem Flug gibt es auch Turbulenzen, denen du ausweichen musst, indem du Kurven fliegst.

Ein Kind wird nun ausgewählt, das die Flugkommandos angibt (z. B. Linkskurve! Rechtskurve! Bremsen! Landung!). Wenn du gelandet bist (rechter Fuß wieder auf dem Boden), dann starte einen zweiten Flug und heb jetzt das linke Bein vom Boden weg. Wenn dein Flug beendet ist, dann lande wieder langsam. Wenn ihr in der Turnhallt übt, könnt ihr euch in den Kreis stellen und euch an den Händen halten, um euch gegenseitig beim Fliegen zu unterstützen.

(Turnhalle/Klassenraum)

Sprachförderung

- Anweisungen verstehen und umsetzen
- Zuhören und Hörverständnis fördern

Reflexion

Was hilft dir dabei, das Gleichgewicht gut zu halten? (z. B. Stuhllehne greifen, einen Punkt auf dem Boden fixieren, Arme nach links und rechts ausstrecken)

Ziele

Bewegungspause

Kraftaufbau

Verbesserung des Gleichgewichts und der Konzentration

Wachsamkeit und Entspannung

Gefühl von Verbundenheit und gegenseitig Hilfestellung geben

Am Flughafen

Nach dieser langen Reise sind wir am Flughafen von Manaus angekommen! Vor Freude schütteln wir uns wie wild gewordene Affen! Auch Kikhi macht mit!

Yogaübung

Wilder Affentanz

Stell dich mit leicht angewinkelten Beinen hinter oder neben deinen Stuhl und spür den Boden unter deinen Füßen. Schüttel deine Hände, deine Arme, deine Beine, deinen ganzen Körper wild und mach Affengeräusche. Auch Grimassen sind erlaubt. Form deine Hände jetzt locker zu Fäusten und klopf abwechselnd auf die Brust, entweder in der Affenhocke oder im Stehen.

(Turnhalle/Klassenraum)

Sprachförderung

Die Lockerung des ganzen Körpers mit den Affengeräuschen kann zur Steigerung der stimmlichen Leistungsfähigkeit beitragen und eignet sich gut als Aufwärmübung.

Erweiterung

- Beim Ausschütteln hilft rhythmische Musik. So macht das Ausschütteln noch mehr Spaß.
- Als Erweiterung kann die Musik zwischendurch gestoppt werden. Wenn die Musik stoppt, halten die Kinder ihre Bewegung an und frieren ein. Geht die Musik weiter, wird weitergeschüttelt.

Ziele
Lösen von Stress und Anspannung

Ausschütteln der Gelenke und Muskeln (gerade nach längeren Phasen des Sitzens wichtig)

angestaute Gefühle auf lustige Art und Weise loswerden und abschütteln

Am Flughafen

Nach diesem wilden Affentanz wisst ihr nun, wie sich Affen bewegen und welche Geräusche sie machen. Aber Affen sind nicht nur beweglich und laut, sondern auch flink und lustig. Welche Adjektive fallen euch noch zu den Affen ein?

 Yogaübung

Sprachförderung

- Die genannten Adjektive können auf Kärtchen gesammelt und in die Wortschatzkiste gelegt werden.
- Im Morgenkreis oder am Ende des Schultages zieht jedes Kind den Namen eines anderen Kindes und benennt seine positive Eigenschaft.
- Eine andere Möglichkeit ist eine „warme Dusche" an den jeweiligen Geburtstagen der Kinder. Hierbei wählt das Geburtstagskind drei Kinder aus, die einen netten Satz oder ein nettes Adjektiv zu dem Kind sagen.

Die Sonnenkraft-Atmung

Stell dich aufrecht hin und streck beide Armen nach oben zur Sonne. Streck sie so weit aus, wie du kannst. Stell dir dann vor, dass du die Kraft der Sonne in deine rechte Hand nimmst. Mach eine Faust und zieh die Kraft der Sonne mit einem lauten „*Ha!*" in deinen Bauch. Hol dann auch mit der linken Hand die Kraft der Sonne in deinen Bauch und dann abwechselnd einige Male mit beiden Armen.

(Turnhalle/Klassenraum)

Ziel
Kraft und Selbstvertrauen schöpfen

Jetzt ist es wichtig, dass wir Energie tanken, denn für die Dschungelexpedition benötigen wir viel Mut und Ausdauer!

Am Flughafen

Yogaübungen

Pustespiel „Sonnenstrahl"

Jedes Kind bekommt nun ein gelbes oder orangefarbenes Chiffontuch und versucht, es mit der Kraft der Ausatmung sanft zu bewegen bzw. möglichst lange in der Luft zu halten.

Pustespiel „Sonne"

Es sind einige gelbe Ringe als Sonnen und einige Gymnastikseile ausgelegt. Ihr bekommt nun einen Wattebausch. Pustet ihn an der Innenseite der Ringe entlang oder legt selbstständig eine Sonne mit den Gymnastikseilen und pustet den Wattebausch entlang der Innenseite des Seils. Ihr könnt auch anderes Material wie z. B. Papierkügelchen, Tischtennisbälle, Federn etc. nutzen.

(Turnhalle/Klassenraum)

Ziele
Förderung der Mundmotorik

Aufwärmübung für die Gesichtsmuskeln

Hinweis

Diese Übung sollte nicht allzu lange durchgeführt werden, um die Kinder nicht zu überfordern. Alternativ eignen sich auch gelbe oder orangefarbene Luftballons. Luftballons können leichter in der Luft gehalten werden.

Ankunft im Dschungel

„Was du mir sagst, das vergesse ich.
Was du mir zeigst, daran erinnere ich mich.
Was du mich tun lässt, das verstehe ich."

Konfuzius

Ankunft im Dschungel

Nachdem wir reichlich Energie getankt und unsere vollbepackten Rucksäcke abgeholt haben, leihen wir uns ein Fahrrad am Flughafen aus und machen uns auf den Weg über holprige Straßen in Richtung Dschungel.

 Yogaübung

Fahrrad fahren

- *Variante 1:* Setz dich auf deinen Stuhl und rutsch etwas nach vorne. Halt dich mit den Händen seitlich fest und strampel mit den Beinen – wie beim Radeln. Wenn du dich sicher fühlst, versuch es ohne festhalten.
- *Variante 2:* Leg dich in Rückenlage auf den Boden und heb den Kopf weg vom Boden. Radel nun mit den Beinen und den Armen. Erst langsam, dann immer schneller und schneller und dann so schnell, wie du nur kannst.
- *Variante 3:* Such dir einen Partner oder eine Partnerin. Setzt euch auf den Boden, führt eure Füße aneinander und fahrt zu zweit im Tandem Fahrrad.

(Klassenraum/Turnhalle)

Erweiterung

- Hast du Lust, beim Fahrradfahren dreimal schnell hintereinander einen Zungenbrecher aufzusagen? Probier es doch einfach aus:
- „Rasch rollt Rosas Rad. Rosas Rad rollt rasch."
  „Runde Räder rollen rasch, rasch rollen runde Räder."
  „Rollende Räder rasseln über runde Steine."
- Vielleicht sind deine Versprecher so lustig, dass du lachen musst, dann wird dein Fahrrad zum Lachfahrrad.

Ziele

Förderung der Bewegungskoordination und des sozialen Miteinanders

Stärkung der Bauchmuskulatur

Verbesserung der Aussprache und Sprechmuskulatur

Ankunft im Dschungel

Nachdem wir unsere Räder abgestellt haben, taucht vor uns ein großer Wald mit Baumriesen auf!
Wir stehen am Eingang zum Dschungel und sind so beeindruckt, dass wir minutenlang dastehen und die Baumriesen bewundern, die bunten Vögel bestaunen und den Geräuschen lauschen, die aus dem Dschungel kommen.

 ## Achtsamkeitsübung

Achtsames Hören

Mach es dir an deinem Platz bequem. Jetzt geht es um das Hören. Massiere deine Ohrmuscheln einige Male und stelle dir vor, dass sie so groß werden wie die Ohren eines Elefanten. Wenn du möchtest, schließ die Augen und versuch, das Geräusch zu erkennen, das du gleich hören wirst.
(Klassenraum)

Hinweis
Die Geräusche lassen sich im Internet finden oder selbst produzieren.

- Froschquaken (selbst quaken oder Musikinstrument verwenden)
- Regen (Regenmacher verwenden oder Zucker auf ein straff gespanntes Papier rieseln lassen)
- Grillenzirpen
- Vogelgezwitscher
- Schlange zischt (selbst zischen)
- Bach (aus einer Gießkanne einen dünnen Wasserstrahl in eine mit Wasser gefüllte Schüssel plätschern lassen)
- Affengeräusch

Ankunft im Dschungel

 ## Achtsamkeitsübung

Geräuschgeschichte erzählen

Nachdem wir den Geräuschen gelauscht haben, denken wir uns in Kleingruppen eine Geräuschgeschichte aus und erzählen sie uns gegenseitig. Die Geschichte kann auch mit der eigenen Stimme und dem Gebrauch von Sprache zu einer Kurzgeschichte ausgebaut werden. **(Klassenraum)**

Sprachförderung

Schulung von Hörkompetenz und auditiver Wahrnehmung

Differenzierung

Als differenzierte Variante kann eine vorgegebene Geschichte mit Geräuschen unterlegt werden, z. B. ein Spaziergang im Dschungel (Schritte, Vogelgezwitscher, Wasserrauschen etc.).

Ziele
Lenkung der Aufmerksamkeit, Ausgeglichenheit

bewusste Wahrnehmung, Körperbewusstsein

Von den vielen Geräuschen des Dschungels sind wir überwältigt. Erst jetzt fällt uns auf, wie unglaublich heiß es im Dschungel ist. Wir bekommen Durst und müssen erst mal etwas trinken.

 ## Yogaübung

Sitali

Strecke deine Zunge etwas raus und forme mit deiner Zunge einen Strohhalm. Saug dann Luft über deine Zunge ein und schluck die kalte Luft. Atme durch die Nase wieder aus. Das tut richtig gut! Mach das einige Male, bis du keinen Durst mehr hast!
(Klassenraum)

Ziel
beruhigende und kühlende Wirkung

Differenzierung

Wenn Kinder ihre Zunge nicht rollen können, dann können sie ihre Zungenspitze hinter die oberen Schneidezähne legen und so die kalte Luft einsaugen.

Baumriesen im Dschungel

Wir befinden uns nun in dem dichten und beeindruckenden Dschungel. Das Äffchen Kikhi schreit aufgeregt und klettert blitzschnell auf einen hohen Baum. Von hier aus hat es einen guten Blick über den gesamten Dschungel, hier fühlt sich Kikhi besonders wohl.

Yogaübungen

Baum

Steh auf einem Bein und stell den Fuß des anderen Beins entweder auf dem Boden, an der Wade oder an der Innenseite des Oberschenkels ab. Das Knie des gehobenen Beins zeigt dabei nach außen. Wenn du Hilfe brauchst, das Gleichgewicht zu halten, dann übe erst mit dem Fuß auf dem Boden oder halte dich an der Stuhllehne fest. Wenn du aber auf einem Bein gut balancieren kannst, dann streck deine Arme wie Zweige nach oben in die Luft und stell dir vor, dir wachsen Wurzeln und du stehst ganz fest auf der Erde. Fixier einen Punkt vor dir auf dem Boden. Das hilft dir, dein Gleichgewicht zu halten. Übe den Baum dann auch auf der anderen Seite.

(Turnhalle/draußen)

Regenwald als Gruppenübung

Wir stehen alle im Kreis und halten uns an den Händen fest. Gleichzeitig heben wir den rechten Fuß nach oben, entweder zur Wade oder zur Innenseite des Oberschenkels. Unsere Baumwurzeln wachsen in den Boden und die Arme wie Äste nach oben.

Im Regenwald kommt es oft vor, dass es wie aus dem Nichts anfängt zu regnen. Trommelt dafür mit den Fingern über euren Kopf, eure Schultern und euren ganzen Oberkörper. Versucht dabei weiterhin, das Gleichgewicht zu halten.

Übt den Baum dann gemeinsam auf der anderen Seite.

43

Baumriesen im Dschungel

 **Sprachspiel**

Wörtertreppe und Wörter für die Wortschatzkiste

Während wir in der Baum-Position stehen, bauen wir das Wort „Regenwald" Buchstabe für Buchstabe auf- und ab.

R
Re
Reg
Rege
Regen
Regenw
Regenwa
Regenwal
Regenwald
Regenwal
Regenwa
Regenw
Regen
Rege
Reg
Re
R

Ziele

Förderung des Gleichgewichts, der Konzentration und der Aufmerksamkeit

Kräftigung der Fuß- und Beinmuskulatur

Sprachförderung

- Bei auftretenden Schwierigkeiten können auch lautgetreue Wörter auf- und evtl. auch abgebaut werden (z. B. Anakonda, Kolibri, Tapir, Puma, Amazonas).
- Falls das zeitgleiche Halten der Baum-Position zu anspruchsvoll ist, können sich die Kinder auch nur auf die Wörtertreppe konzentrieren.
- Wörtertreppen sind eine gute Möglichkeit, um das Lesen zu üben. Die Lesewörter werden in Laute zerlegt und durch das Laut-für-Laut-Lesen erhöht sich die Leseflüssigkeit.

Erweiterung

- Weitere Wörter: Dschungel, Kapuzineraffe, Wasserkreislauf, Baumriese, Delfin, Amazonas etc.
- Es können auch Wörter auf- und abgebaut werden, die den Kindern einfallen. Zuvor wäre es sinnvoll, die Wortbedeutungen zu erklären, damit für alle Kinder das Sprachverständnis gesichert ist.
- Während die Kinder in der Gleichgewichtshaltung „Baum" stehen, können auch Einmaleins-Reihen geübt, Zahlfolgen aufgesagt, in einer Fremdsprache gezählt oder Reimwörter zum Wort „Baum" gefunden werden.

Baumriesen im Dschungel

Bewegungsspiel

Baum fällt!

Wir stehen gruppenweise in der Turnhalle vor einer blauen Matte in der Baum-Haltung. Möglichst alle Kinder bleiben im Baum stehen, bis ein Sturm kommt. Auf ein Zeichen hin lassen wir gemeinsam mit Windgeräuschen „schschsch" einen leichten Wind aufkommen. Der Wind wird stärker und schließlich kommt ein starker Sturm auf. Wir werden umgeweht und lassen uns nach hinten auf die Matten fallen. **(Turnhalle)**

> **Erweiterung**
>
> Wenn ein Chiffontuch zur Hand ist, kann ein Kind der Sturm sein und die „Bäume" mit dem Tuch berühren. Sobald die Bäume vom Sturm gestreift werden, fallen sie um.

> **Ziele**
> *Schulung der Mundmotorik und Artikulation*
>
> *Konzentration und Überwindung (Fallenlassen)*

Bewegungsspiele

Wind, Sturm, Orkan

Jedes Kind greift sich die Schlaufe oder die Ränder eines Fallschirms (Schwungtuch) und hält den Schirm ganz ruhig. Langsam kommt ein Wind auf, der sich vom Sturm bis zum Orkan steigert und wieder legt. Auf ein Signal setzt ihr gleich einen langsamen/schnellen Wind, einen Sturm, einen Orkan oder eine Windflaute um. **(Turnhalle/draußen)**

Blätterflug

Falls ihr Blätter (Herbstblätter oder Papierblätter) zur Verfügung habt, können diese in den Fallschirm gelegt werden. Wie bei einem Herbststurm versuchen wir, die Blätter nach oben zu katapultieren und wieder aufzufangen. **(draußen)**

Baumriesen im Dschungel

Gleich vor uns stehen zwei sehr hohe Bäume, die wie ein Tor aussehen. Es ist das Eintrittstor in den Dschungel!

Kooperationsspiel

Variante mit vielen Kindern

Wir bilden einen Kreis und fassen uns an den Händen. Zwischen zwei Kinder wird ein Reifen eingehängt. Der Reifen sollte möglichst schnell von euch durchstiegen und weitergegeben werden. Dabei dürfen die Hände auf keinen Fall losgelassen werden. Der Reifen sollte mindestens einmal bei jedem Kind ankommen.

(Turnhalle/draußen)

Erweiterung

- Mehrere Reifen werden in den Kreis gegeben und es kann auf Zeit gespielt werden.
- Das Spiel kann auch mit geschlossenen Augen gespielt werden.

Variante zu zweit

Findet euch zu zweit zusammen. Einer oder eine von euch kommt in den Vierfüßlerstand und versucht, für die Yogaübung „Hund" den Hundeschwanz (Steißbein) nach oben zu strecken. Die Arme sind gestreckt, die Füße ein ganzes Stück von den Händen entfernt, der Kopf baumelt locker. Unter diesem schönen Tor kann jetzt der Spielpartner oder die Spielpartnerin durchkrabbeln. Tauscht danach die Rollen.

Sprachförderung

Zur Förderung des Anweisungsverständnisses und des Reaktionsvermögens ruft die Lehrkraft laut: „Wechsel!" Der oder die Reifen, je nachdem wie viele im Spiel sind, werden dann sofort in die andere Richtung weitergegeben.

Ziele

Förderung der Sozialkompetenz

Stärkung des Wir-Gefühls

Kanufahrt

Nachdem wir durch das faszinierende Eintrittstor gestiegen sind, können wir ihn bereits rauschen hören: den Amazonas. Der Amazonas ist der längste Fluss in Südamerika. Er ist 6.400 km lang, hat mehr als tausend Nebenflüsse und ist an vielen Stellen sehr gefährlich. Mutig steigen wir in unser Kanu ein und fahren den Amazonas viele Kilometer hinauf.

 ## Yogaübungen

Kanu

Setz dich für die Kanufahrt gerade auf den Boden und streck die Beine nach vorne aus. Lehn dich dann etwas nach hinten und heb deine Beine entweder gerade oder gebeugt an Mit den Armen ruderst du wie bei einem Ruderboot. Zähl in dieser Haltung bis 7, leg dann die Beine wieder ab und komm noch einmal in die gleiche Haltung zurück. Zähl jetzt von 7 rückwärts.

(Turnhalle)

Kanufahrt

Partnerübung Kanu

Setzt euch zu zweit gegenüber, streckt die Beine in die Luft und gebt die Fußsohlen aneinander. Haltet euch dabei an den Händen. Tauscht euch darüber aus, ob sich die Partnerhaltung angenehm anfühlt.

Kanufahrt mit der ganzen Klasse

Wir sitzen wieder alle im Kreis und halten uns an den Händen. Durch Klatschen gibt ein Kind einen Rhythmus vor und wir rudern alle im Takt. Die Beine können gebeugt und im Takt der Musik mitbewegt werden. Dazu kann gesungen, das Einmaleins geübt oder Zahlreihen – auch in einer Fremdsprache – aufgesagt werden.

Erweiterung

Gemeinsam kann das Lied „Jetzt fahrn wir übern Fluss, übern Fluss, jetzt fahrn wir übern Fluss …" gesungen werden (in Anlehnung an „Jetzt fahrn wir übern See …") oder alternativ das englische Lied „Row row row your boat".

Ziele

Kräftigung der Bauchmuskulatur, Stärkung der Hüftbeuger und der Beine

Festigung der Zahlwortreihe

Förderung der Kooperation, gemeinsame Reflexion der Übung, Rhythmus und Taktgefühl

Kanufahrt

 **Bewegungsspiel**

Vorsicht Stromschnelle! Vorsicht Wasserfall!

Gemeinsam rudern wir mit unseren Kanus gemütlich auf dem Amazonas. Doch der Amazonas ist sehr gefährlich, denn hier gibt es viele Stromschnellen und Wasserfälle. Wenn wir hören: *„Vorsicht Stromschnelle!"*, dann machen wir uns auf dem Boden klein und kommen in die Kindhaltung. Dazu bringen wir aus dem Fersensitz heraus unsere Stirn zum Boden, legen die Arme neben dem Körper ab und atmen tief und ruhig, bis die Stromschnelle vorbei ist.

Hören wir: *„Vorsicht Wasserfall!"*, dann bilden wir eine Rutsche mit unserem Körper. Dazu geben wir im Sitzen die Hände hinter uns auf den Boden und heben die Hüfte so weit nach oben zur Decke, wie es geht (wie eine Brücke).

Kanufahrt

Die größte Gefahr auf dem Amazonas sind jedoch die starken Winde, die den meisten Tropengewittern vorangehen. Wenn ein *Sturm* aufkommt, halten wir uns an etwas fest, um nicht davongeweht zu werden. Beim Kommando *„Über Bord!"* schwimmen wir, so schnell wir können. Dazu legen wir uns in Bauchlage auf den Boden und führen mit den Armen Kraulbewegungen und mit den Beinen Bewegungen wie beim Schwimmen mit Flossen durch. Nur der Bauch berührt den Boden.

(Klassenraum/Turnhalle)

Wirkungen
- *Kanu:* kräftigt die Bauchmuskulatur und wirkt stärkend für den Rücken
- *Kindhaltung:* wirkt erdend, entspannend und beruhigend
- *Rutsche:* aktivierend, Kräftigung der Arme, Beine und Rumpfmuskulatur
- *Schwimmer:* aktivierend, Stärkung der Rücken- und Oberschenkelmuskulatur, Förderung der Beweglichkeit der Wirbelsäule

Ziele
Anweisungen verstehen

Körper kräftigen, Reaktionsvermögen fördern

Kanufahrt

Das Spiel kann auch gut am Platz mit dem Stuhl oder dem Tisch ausgeführt werden:

- *Kinderyogaübung Kanu:* Rutsch auf dem Stuhl etwas nach vorne und halt dich mit den Händen links und rechts am Stuhl fest. Streck die Beine nun nach vorne aus oder beug sie an.
- *Kindhaltung:* Lass dich im Sitzen locker nach vorne hängen und mach dich ganz klein.
- *Rutsche:* Halt dich mit beiden Händen links und rechts am Stuhl fest, stell die Beine weiter nach vorne auf den Boden und bilde mit dem ganzen Körper eine Rutsche.
- *Sturm:* Halt dich am Stuhl oder Tisch fest.
- *Schwimmen:* Streck dich auf dem Tisch lang aus und führ Schwimmbewegungen aus.

Bewegungsspiel

Rhythmus

Ein Kind gibt einen Klatschrhythmus vor und wir klatschen den Rhythmus nach. Es können verschiedene Rhythmen mit unterschiedlichen Körperteilen vorgespielt oder getrommelt werden.

(Klassenraum/Turnhalle)

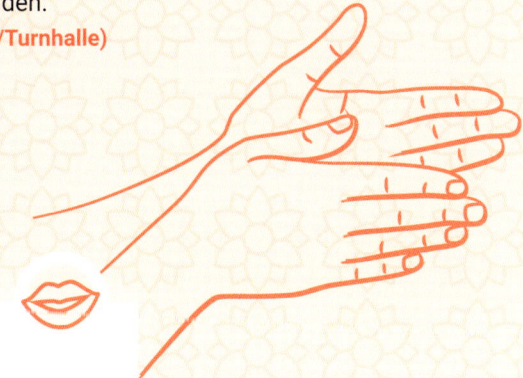

Sprachförderung

Bodypercussion

- Einen Rhythmus hören, sich diesen einprägen und wiedergeben hat viel mit Sprache zu tun. Zum einen wird das Zuhören gefördert, zum anderen das Erinnerungsvermögen und schließlich die genaue Wiedergabe des Musters.
- Beim Lesen passiert Ähnliches: Buchstaben müssen erkannt, im Gedächtnis behalten und wiedergegeben werden.

Kanufahrt

Wir haben den gefährlichen Teil des Amazonas endlich hinter uns gelassen und befinden uns nun in ruhigerem Gewässer. Gemütlich schaukeln wir in unseren Kanus auf dem Wasser hin und her und können nach den bisherigen Anstrengungen einige Male tief durchatmen.

 ## Yogaübung

Partneratem

Setz dich mit einer Partnerin oder einem Partner im Schneidersitz Rücken an Rücken auf den Boden. Atmet beide tief durch die Nase bis in den Bauch ein und aus. Beobachte zuerst deine eigene tiefe Atmung. Kannst du auch die Atmung deiner Partnerin oder deines Partners spüren? Vielleicht atmet ihr beide nach einiger Zeit im selben Rhythmus, das fühlt sich auch sehr schön an.

Es ist wichtig, dass sich dein Bauch beim Einatmen nach vorne wölbt und beim Ausatmen wieder entspannt. Leg deine Hände auf den Bauch, um deine Atmung zu spüren.

(Klassenraum/Turnhalle)

Ziele

Schulung der Achtsamkeit und Kooperationsförderung

Förderung der Körperwahrnehmung und Atemschulung

entspannende und stimmungsaufhellende Wirkung (Atmung)

Stärkung der Konzentrationsfähigkeit (erhöhter Sauerstoffgehalt im Blut)

Kanufahrt

Tiefenentspannt sitzen wir in unseren Kanus und treiben auf dem Amazonas. Mutig wirft Kikhi, das Äffchen, einen Blick über den Rand des Kanus und entdeckt im Wasser eine Vielfalt an Flussbewohnern.
Völlig überwältigt sieht Kikhi immer mehr schimmernde Tiere in den verschiedensten Farben. Was Kikhi nicht weiß: Nicht nur der Dschungel, sondern auch der Amazonas ist ein Lebensraum für viele Tiere.

 **Sprachspiel**

Wörterpuzzle

Bei den Bezeichnungen der Flussbewohner ist etwas schiefgelaufen. Findest du heraus, wie die Tiere wirklich heißen? Die Lehrkraft schreibt die Buchstaben an die Tafel und liest die Texte vor. **(Klassenraum)**

- *ORETT:* Sie sind stark gefährdet, denn sie finden nur in einer sauberen und intakten Umwelt ihr Zuhause. Ihre natürlichen Feinde sind der Jaguar und der Puma. Die Flussbewohner sind sehr verspielt, können gut schwimmen und sich im Wasser fortbewegen. **Otter**

- *ECHRNO:* Diese Tiere leben auf dem Grund des Amazonas. Tritt man aus Versehen auf sie, verteidigen sie sich mit ihrem giftigen Stachel. **Rochen**

- *ALA:* Dieses Lebewesen sieht sehr schlecht. Deshalb kann es Stromstöße erzeugen, um sich zu orientieren und um seine Beute zu lähmen und anschließend zu verspeisen. **Aal**

- *AMIAKN:* Fast wären diese Tiere ausgestorben, aber nun kehrt das größte Raubtier im Amazonasbecken zurück. Es kann bis zu sechs Meter lang werden, hat eine breite, kurze Schnauze mit Knochenplatten auf seiner Bauchseite und wird zwischen 80 und 100 Jahre alt. **Kaiman**

- *HANAIRP:* Es gibt sehr viele verschiedene Arten von ihnen. Sie alle haben ihre spitzen und scharfen Zähne gemeinsam und fressen gerne die Flossen anderer Fische. Wenn sie sich gestört fühlen oder Hunger haben, können sie in großen Schwärmen auch für Menschen gefährlich werden. **Piranha**

- *RASCHB:* Dieser Fisch lebt gerne in ruhigen und stehenden Gewässern. Während der Brutzeit kann er sein Revier sehr aggressiv verteidigen. **Barsch**

Kanufahrt

 **Sprachspiel**

A wie Affe

Betrachte die Dschungeltiere auf dem Arbeitsblatt (**M2**) und finde ihre An- und Endlaute heraus. Welchen Laut hörst du ganz vorne im Wort (Anfangslaut)? Und welchen ganz hinten im Wort (Endlaut)?

(Klassenraum)

Differenzierung

Fallen dir noch weitere Wörter ein, die mit dem gleichen Laut wie Affe anfangen oder enden? Vielleicht lassen sie sich sogar in Bewegung umsetzen.

Ziele

Verbesserung der Koordination

bessere Zusammenarbeit der Gehirnhälften durch Überkreuzbewegung beim Klettern

Downloadmaterial **M2:**
O wie Otter
Lösungsvorschlag

Rosa Delfine?

Fasziniert von der bunten Wasserwelt klatschen wir mit dem Holzpaddel auf das Wasser und beobachten die Wasserkreise. Auf einmal springt Kikhi wild auf und ab und kreischt dabei laut. Du schaust genauer ins Wasser, aber du kannst unter der Wasseroberfläche nur rosa Farbe erkennen. Was, denkst du, könnte das sein?

Sprachförderung

Die Lehrkraft präsentiert den Kindern einen Satzstreifen, auf dem steht: „Rosa Schweine oder rosa Delfine?", und Satzanfänge wie z. B.: „Ich denke, dass…", „Ich vermute…"

Plötzlich tauchen zwei rosa Delfine mit lautem Prusten aus dem Wasser auf und tauchen gleich wieder ein! Da, neben dem Kanu taucht ein weiterer rosa Delfin aus dem Wasser auf. Es sieht aus, als wenn ein Schwein im Wasser schwimmen würde! Immer mehr Delfine kommen zum Boot geschwommen und spritzen uns nass. Das ist unglaublich, rosa Delfine, die in einem Fluss leben!

 Yogaübung

Delfin

Komm in den Vierfüßlerstand und leg die Unterarme auf den Boden ab. Falte die Hände ineinander und bringe deine Hüfte nach oben. Komm dann mit dem Oberkörper über die Hände und schieb dich wieder zurück, so wie ein Delfin, der ins Wasser springt und wieder auftaucht. Lass den Delfin einige Male aus dem Amazonas auftauchen und entspann dich abschließend in der Kindhaltung. **(Turnhalle)**

Ziele
Kräftigung von Schultergürtel und Armen, Dehnung der Rückseite der Beine

beruhigende Wirkung

Rosa Delfine?

 Sachinformation

Flussdelfine sehen sehr schlecht, aber sie haben einen besonderen Orientierungssinn: Sie können sich mithilfe von Ultraschall zurechtfinden. So finden sie auch in trüben Gewässern ihre Beute, zu der Fische, kleine Schildkröten und Krabben gehören. Die rosa Flussdelfine haben einen grauen Rücken und sind auf der Körperunterseite rosa gefärbt. Je nach Gewässerfarbe, Alter, Geschlecht und Aktivität fällt die Rosafärbung unterschiedlich stark aus. So gibt es Delfine, die eine stärkere Färbung haben als andere. Aufgrund von Überfischung gehört der Amazonas-Flussdelfin mittlerweile zu den bedrohten Delfinarten.[7]

 **Sprachspiel**

Akrostichon

Lass uns das Wort „Delfin" mit einem Akrostichon näher kennenlernen. Ein Akrostichon ist ein Gedicht, bei dem jeder Zeilenanfangsbuchstabe ein neues Wort bildet. Schreibe nun die Buchstaben des Worts „Delfin" untereinander auf und finde neue Wörter mit dem passenden Anfangsbuchstaben der Zeile.

(Klassenraum)

Dünn
D
E
L
F
I
N

Erweiterung

- Wenn das Akrostichon zu dem Wort „Delfin" fertig ist, können weitere Akrostichons zu den Wörtern der anderen Amazonastiere erstellt werden.
- Sind die Gedichte fertig, können sie ausgestellt, gelesen und sich gegenseitig vorgestellt werden.

7 Vgl. WWF (2016): Der Amazonas-Flussdelfin im Steckbrief. Online: https://www.wwf.de/themen-projekte/artenlexikon/amazonas-flussdelfin (Stand: 01.08.23)

Freunde

Nach unserer langen Tour auf dem Amazonas legen wir mit unseren Booten am Ufer an. Hier beschleicht uns das Gefühl, dass wir beobachtet werden. Im Gebüsch hören wir ein leises Rascheln und ein Junge kommt hervor.
Er winkt uns freundlich zu und wird von vielen Menschen begleitet, die sehr wenig Kleidung tragen.
Immer mehr Menschen kommen zu uns ans Ufer und begrüßen uns. Wir verstehen zwar ihre Sprache nicht, aber sie machen so freundliche Gesten, dass wir mit ihnen in den Dschungel gehen. Sie führen uns in die Tiefen des Dschungels hinein, bis wir in ihrem Dorf ankommen. Neugierig schauen wir uns um:
Die Waldbewohner leben in kleinen Lehmhütten.
In der Mitte des Dorfes ist ein Platz, auf dem ein großes Lagerfeuer flackert, um das wir uns herum setzen.

 Yogaübung

Augenentspannung

Am flackernden Feuer wollen wir uns die Hände wärmen. Reib deine Hände fest aneinander, bis sie warm werden. Leg dann deine warmen Hände leicht gewölbt über die Augen, sodass es ganz dunkel wird. Die Handballen liegen auf den Wangenknochen und die Fingerspitzen auf der Stirn. Halt die Hände so lange locker über den Augen, wie es dir angenehm ist, und wiederhol die Übung einige Male. Öffne dann langsam wieder die Augen.

(Klassenraum/Turnhalle)

Ziel
Entspannung für Körper, Geist und Augen

Freunde

Wir betrachten unsere neuen Freunde voller Bewunderung. Sie tragen Pfeil und Bogen bei sich, dafür keine Schuhe. Sie bewegen sich leise und anmutig wie ein Puma. Manche von ihnen haben schöne Farben und Zeichnungen im Gesicht und am Körper. Den Pfeil und Bogen eines Kindes sehen wir uns ganz genau an, denn sie sind schön geschnitzt und bunt gefärbt. Das Kind kommt auf uns zu und zeigt uns, wie man Pfeil und Bogen richtig benutzt.

Yogaübung

Bogenschießen

Wir sitzen auf dem Boden und strecken die Beine gerade nach vorne aus. Nun greifen wir uns den rechten Fuß und ziehen das Knie in Richtung Ohr – so wird der Bogen gespannt. Mit der linken Hand visieren wir das Ziel an und mit einem lauten „Sch" schießen wir den Pfeil über das linke Bein ab. Wir wiederholen die Übung einige Male. Anschließend wechseln wir die Seite und schießen den Pfeil auf der anderen Seite ab.

(Turnhalle)

Sprachförderung

- Wir „schießen" imaginäre Laute mit dem Pfeil ab und setzen sie dann zu einem Wort zusammen. Für jüngere Kinder eignen sich lautgetreue Wörter wie z. B. Puma, Kanu oder Amazonas, für ältere Kinder längere und schwierigere Wörter mit Rechtschreibmerkstellen, wie z. B. Beute, Pfeil oder Stämme.
- Das Spiel kann auch mit Wörtern einer Fremdsprache durchgeführt werden.

Ziele
Artikulationsförderung

Aktivierung der beiden Gehirnhälften durch Überkreuzbewegung

Förderung der Hüftbeweglichkeit

Freunde

Heute ist so viel passiert und wir haben viele aufregende Dinge erlebt. Nun geht die Sonne langsam unter und wir werden sehr müde. Gemeinsam mit unseren neuen Freunden legen wir uns um das warme Lagerfeuer.

 Yogaübung

Lagerfeuer

Wir sitzen in einem Kreis. Unsere Füße zeigen in das Kreisinnere und berühren sich. Dann strecken wir unsere Beine in die Luft. Sie bilden die Stöcke, die wir für das Lagerfeuer brauchen. Unsere Füße sind die flackernden Flammen. Die Lehrkraft oder ein Kind kann das flackernde Feuer auspusten. Dann ziehen die Kinder ihre Knie zum Brustkorb und umarmen sie.

(Turnhalle)

Erweiterung

- Falls das Stecken der Beine in der Luft zu anstrengend ist, können die Beine auf dem Boden gelassen werden.
- Kinder, die sich sicher fühlen, können den ganzen Schulterstand üben und den Rücken mit den Händen stützen. In dieser Haltung sollte der Nacken gerade bleiben, um ihn nicht zu verletzen.

Freunde

Das Feuer wärmt uns und wir spüren, wie wir müder und müder werden. Der Körper ist nun schwer und warm und entspannt sich.

Yogaübung

Entspannung – der fantastische Dschungel

Wir legen uns bequem hin und strecken die Arme und Beine aus, den Kopf können wir bequem auf der Bank ablegen (alternativ auch Kopf auf Arme oder Kissen ablegen).
Die Lehrkraft kann im Hintergrund entspannende Musik spielen (z. B. Naturgeräusche aus dem Regenwald) und liest die Fantasiereise (**M3**) vor.
(Klassenraum/Turnhalle)

Downloadmaterial **M3:**
Fantasiereise

Sprachförderung

- von Erlebnissen aus der Fantasiereise erzählen
- Zuhörkompetenzen fördern, vor der Gruppe sprechen

Erweiterung

Das Erlebte kann auf kreative Art und Weise in Form von Bildern, Musik und/oder Schauspiel vorarbeitet werden.

Ziele
beruhigende Wirkung und Entspannung

Anregung der Fantasie und Kreativität

Ein Tag mit den Waldbewohnern

Nach unserem aufregenden Ausflug haben wir wunderbar geschlafen. Am frühen Morgen wecken uns unsere Freunde auf, indem sie mit Tukanfedern über unsere Arme streicheln. Aber was ist das? Es kitzelt dich an den Armen und den Beinen. Du öffnest die Augen und siehst, wie unzählige Ameisen auf dir krabbeln!

Sprachförderung

- Aktivierung von Vorwissen
- Wortschatzarbeit, Sprachverständnis

Ziel
Konzentrations- und Rhythmusförderung

Bewegungsspiel

Bodypercussion

Du stehst auf und schüttelst dich, stampfst mit den Füßen, streichst und klopfst vorsichtig die Ameisen von deinem ganzen Körper. Klopfe die Hände, die Arme, den Bauch, den Popo, die Beine und Füße und den Kopf ab. Vielleicht entsteht ein gemeinsamer Klopfrhythmus? Die Kinder des Waldes beginnen zu unserem Rhythmus zu singen (Hej, hej, ho, ho, ha!). Auch die älteren Dorfbewohnerinnen und Dorfbewohner kommen hinzu und gemeinsam veranstalten wir ein kleines Konzert. So den Tag zu beginnen macht richtig Spaß!

(Klassenraum/Turnhalle)

Sprachspiel

Wortkette „Dschungel"

Wir sitzen gemeinsam im Kreis. Welches Wort fällt dir ein, das mit dem Dschungel zu tun hat? Ein Kind sagt z. B. „bunt". So geht das Spiel reihum weiter, jede:r findet zu dem vorher genannten Wort eine Assoziation, ohne lange zu überlegen. So sammeln wir Fakten und Informationen über den Dschungel. Wenn du ein Wort nicht kennst, dann frag nach. Nach dem Spiel kann mit den Kindern ein Gespräch über den Dschungel geführt werden – welche Tiere ihnen bekannt sind, was man für eine Dschungelexpedition genau braucht etc.

(Klassenraum)

Ein Tag mit den Waldbewohnern

Gemeinsam mit den Waldbewohnern wollen wir nun den Dschungel weiter erkunden. Unsere neuen Freunde möchten uns möglichst viel aus ihrer Welt zeigen und nehmen uns auf eine Dschungelexpedition mit, auf der wir viele Bewohner des Dschungels kennenlernen.

 **Bewegungsspiel**

Fang die Tukanfeder

Jedes Kind bekommt eine oder zwei Federn, die in der Hand gehalten werden. Es gibt eine Fängerin oder einen Fänger, der oder die euch die Federn abnimmt, wenn ihr gefangen werdet. Wer alle Federn verloren hat, ist nun der neue Fänger bzw. die neue Fängerin.   **(Turnhalle/draußen)**

Downloadmaterial M4:
Bild- und Yogakarten

 Yogaübung

Tiere im Dschungel

Auf dem Hallenboden seht ihr Bilder (**M4**) von verschiedenen Dschungeltieren (auf der Rückseite befindet sich die Yogahaltung dazu) und die dazu passenden Tiernamen mit Artikeln. Ordnet den Bildern die richtigen Namen zu. Ihr (einige ausgewählte Kinder) dürft nun einen Zettel ziehen, auf dem der Name eines Dschungeltieres steht. Wenn du einen Zettel gezogen hast, versuchst du, das Tier pantomimisch und mit Tierlauten darzustellen. Hast du keine Idee, kannst du die Yogahaltung auf der Rückseite der Tierkarte ausführen, ein anderes Kind kann dir dabei helfen. Alle anderen versuchen, das Tier zu erraten.

Zusätzlich können Sachinformationen zu den Tieren besprochen werden.

Sprachförderung

- Förderung der Geräusch- und Lautwahrnehmung, Nachahmung von Tiergeräuschen
- Wortschatzarbeit – Dschungeltiere

Ein Tag mit den Waldbewohnern

 **Bewegungsspiel**

Bewegungsparcours Dschungel
Für den Bewegungsparcours bauen wir in der Turnhalle verschiedene Stationen auf, um gemeinsam einen Ausflug in den Dschungel durchzuführen und Abenteuer zu bestehen. **(Turnhalle)**

Lianen über die Sümpfe
Die Kinder schwingen sich mit Seilen von Matte zu Matte. Als Steigerung können sich die Kinder auf einen kleinen Kasten stellen und sich von Kasten zu Kasten schwingen. Darunter sind blaue Matten ausgelegt, falls ein Kind in den Sumpf fällt.

Hoch in den Bäumen
Hier klettern die Kinder an den Seilen nach oben. Unten kann ein Kind das Seil festhalten, dann ist es leichter, nach oben zu klettern. Weichbodenmatten werden zur Sicherheit der Kinder ausgelegt. Es sollte darauf geachtet werden, dass die Kinder aus Sicherheitsaspekten nicht zu hoch klettern.

Schlangenschlängeln
Drei Bänke werden nebeneinander aufgestellt. Die Kinder schlängeln sich auf dem Bauch einmal oben über die Bank und einmal unter der Bank durch.

Affenklettern
Oben an den Sprossenwänden werden Tücher (Bananen) festgeknotet. Die Kinder klettern nach oben und holen sich die Bananen (Tücher), die sie dann unten in einen Korb geben. Wer sammelt die meisten Bananen? Um das Verletzungsrisiko zu minimieren, werden Weichbodenmatten ausgelegt.

63

Ein Tag mit den Waldbewohnern

Kanu über den Fluss

Ein umgedrehtes Kastenteil wird auf Stäbe gelegt. Davor und dahinter befinden sich, in einigem Abstand zueinander, blaue Matten. Zusätzlich wird davor und dahinter jeweils ein Kasten aufgestellt und mit einer Schnur verbunden. Die Kinder sitzen im Kanu und ziehen sich am Seil entlang, von einer Matte zur anderen.

Der hungrige Kaiman mit Schwungtuch

Alle Kinder sitzen im Kreis und strecken die Beine in die Kreismitte aus. Über den Beinen der Kinder wird das Schwungtuch ausgebreitet. Ein Kind – der Kaiman – versteckt sich unter dem Schwungtuch und beginnt, die Kinder an den Füßen in den Fluss zu ziehen. Schnappt er sie, sind sie auch Kaimane. Das Spiel geht so lange, bis alle Kinder Kaimane sind.

Hinweis

Es kann auch nur eine Auswahl der Stationen getroffen werden.

Ziele

vielfältige Bewegungsformen erproben

Freude an der Bewegung

Ein Tag mit den Waldbewohnern

 **Sprachspiel**

Tierquiz – Wer bin ich?

Vor dem Spiel bietet es sich an, eine Wortfeldarbeit zu Tiergeräuschen und -bewegungen mit den Kindern durchzuführen (z. B. zwitschern, kreischen, schreien, fiepen, flattern, klettern, schlängeln, hüpfen, schwingen, schleichen, rascheln, klopfen).

(Klassenraum)

Für das Tierrätsel „Wer bin ich?" gibt es verschiedene Kategorien: Pantomime, Malen, Erklären. Ein Kind zieht nun eine Tierkarte und entscheidet, ob es das Tier pantomimisch darstellen, aufmalen oder in Worten erklären möchte. Die anderen Kinder erraten das Tier. Wer das Tier erraten hat, darf als Nächstes ein Tier darstellen (**M5**).

Downloadmaterial M5:
Wer bin ich?

 Sprachförderung

- Sprachverständnis
- Förderung der Ausdrucksweise und Kreativität

Ein Tag mit den Waldbewohnern

Während wir viele Dschungeltiere gesehen und kennengelernt haben, mussten wir auch feststellen, dass sich das Wetter im Dschungel von dem Wetter hier bei uns deutlich unterscheidet. So wurden wir und auch das Äffchen Kikhi urplötzlich von einem kräftigen Regenschauer überrascht und wurden pitschnass.

 ## Sprachspiel

Wetterbericht

An der Tafel hängen verschiedene Wettersymbole (**M6**). Ein oder zwei Kinder dürfen den Wetterdienst übernehmen und uns berichten, wie das Wetter ist. Das kann der Wetterdienst für den Regenwald sein (heiß, sonnig, feucht, wolkig, Regenschauer) oder auch für das Wetter vor Ort.

Als Symbole eignen sich:
Sonne, Regen, Gewitter, Wind, Sturm, Regenbogen, Hagel, Schnee.

Als Adjektive eignen sich:
kühl, warm, feucht, nass, eisig, frisch, wechselhaft, kalt, heiß, schwül etc.
(Klassenraum)

 Downloadmaterial **M6:** Wettersymbole

Ein Tag mit den Waldbewohnern

Die Waldbewohner sind aufs Engste mit dem Dschungel, den Bäumen und den Tieren verbunden, denn sie leben von und mit der Natur. Jeden Morgen führen sie deshalb ein Kraftritual durch. Sie begrüßen die Sonne, denn ohne Sonne gäbe es kein Leben und die Sonne gibt ihnen Kraft zum Leben. Übe den Sonnengruß doch gleich mit!

 Yogaübung

Der Sonnengruß als Kraftritual
Nimm die Hände vors Herz und danke der Sonne, die uns so viel Wärme, Leben und Kraft schenkt.

Sonnengruß	Bewegung
Ich grüße die Sonne und die ganze Welt!	Die Arme in einem weiten Bogen nach oben zur Decke heben und die Handflächen aneinanderdrücken.
Dann beuge ich mich hinunter zur Erde	Anschließend die Knie anbeugen und die Hände auf den Boden aufsetzen.
und baue schnell ein Zelt.	Mit den Füßen zurücklaufen. Die Arme sind gestreckt, der Hintern wird zur Decke gestreckt. Die Haltung sieht aus wie ein Zelt und wird auch „nach unten schauender Hund" genannt.
Ich entdecke einen Salamander,	In die Liegestützposition kommen und darauf achten, dass der untere Rücken nicht durchhängt. Um in der Haltung stabil zu bleiben, hilft es, wenn die Kinder mit ihren Zungen imaginäre Fliegen fangen.
eine Raupe,	Aus der Liegestützposition heraus die Knie auf den Boden bringen. Die Zehen sind aufgestellt, die Ellbogen zeigen nach oben zur Decke.

Ein Tag mit den Waldbewohnern

Sonnengruß	Bewegung
eine Kobra	Anschließend schlängeln sich die Kinder wie eine Kobra nach oben, nach links und rechts. Dabei dürfen sie auch zischen.
und eine Klapperschlange.	Die Kinder bleiben in der Schlangenposition und klopfen abwechselnd die Fußrücken auf den Boden, um die Schwanzrassel der Klapperschlange zu imitieren.
Nun werde ich zum Waldhund, das dauert nicht lange.	Die Kinder drücken sich zurück wie vorhin in die Zeltposition und bellen laut.
Wie ein Frosch hüpfe ich nach vorne, das ist fein!	Froschhüpfer nach vorne machen
Ich grüße noch einmal die Sonne und möchte gerne so stark wie sie sein.	Nach oben zur Decke strecken und die Hände zusammenbringen. Anschließend die Arme senken und neben den Körper bringen.

Sprachförderung

Förderung des Sprach- und Anweisungsverständnisses

Ziel
Förderung der Beweglichkeit, Kraft und Koordination

Ein Tag mit den Waldbewohnern

Nachdem wir ausreichend Kraft getankt haben, fällt uns auf, dass es im Dschungel nicht nur sehr viele Wetterumschwünge, sondern auch jede Menge zusammengesetzte Namenwörter gibt.

 ## Sprachspiel

Zusammengesetzte Dschungel-Namenwörter finden

In Partner- oder Gruppenarbeit suchen wir bei diesem Sprachspiel zusammengesetzte Namenwörter zum Thema Dschungel. Zur Präsentation und Sicherung der herausgefundenen Wörter können einige der zusammengesetzten Namenwörter pantomimisch dargestellt oder auch in Worten erklärt werden (ohne die Wörter selbst in den Erklärungen zu benutzen). Wir erraten dann gemeinsam die Darstellungen.

(Klassenraum)

Ziele

Förderung der Kreativität und des sprachlichen Ausdrucksvermögens

Erkennen und Finden von Namenwörtern

Vertiefen des Lernstoffes

Förderung des sozialen Miteinanders

Differenzierung

- Texte vorgeben, aus denen zusammengesetzte Namenwörter herausgesucht werden
- zusammengesetzte Namenwörter selbst erfinden, wobei ein Wort vorgegeben sein kann, z. B. Wasser (Wasserkreislauf, Wasserkrug etc.) oder Dschungel (Dschungelexpedition, Dschungeltiere etc.)
- selbst zusammengesetzte Namenwörter zu einem Thema finden

Ein Tag mit den Waldbewohnern

Sprachspiel

Wortassoziationen

Wir sitzen gemeinsam im Kreis. Ihr hört gleich ein zusammengesetztes Namenwort, z. B. Flussdelfin. Eure Aufgabe ist es, ein weiteres zusammengesetztes Namenwort zu finden, das mit dem zweiten Teil des Wortes beginnt, also mit Delfin (z. B. Delfinflosse).

Jedes Kind im Kreis findet ein neues zusammengesetztes Namenwort, das mit dem zweiten Wortteil des vorhergehenden Wortes beginnt. Wenn das Spiel stoppt, weil es zu schwer ist, ein neues Wort zu finden, darf auch das erste Wort verwendet werden oder es wird gegenseitig geholfen.

(Klassenraum)

> **Ziele**
> *Förderung der Konzentration*
>
> *Sicherung des Gelernten*

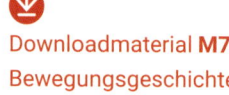

Downloadmaterial **M7**: Bewegungsgeschichte

Bewegungsspiel

Bewegungsgeschichte „Dschungelexpedition"

Für dieses Spiel eignet sich die Turnhalle oder ein Bewegungsraum, da etwas mehr Platz benötigt wird.

Wir stehen alle im Kreis und jede:r zieht eine Tierkarte. Wenn dein Tier in der Bewegungsgeschichte (**M7**) genannt wird, setzt du es als Kinderyogaübung um. Bei den Wörtern „Regenwald" und „schleichen" üben alle Kinder gemeinsam den Baum bzw. das geduckte Schleichen.

(Turnhalle/Klassenraum)

> **Ziele**
> *Förderung des Zuhörens und des Sprachverständnisses*
>
> *Abruf und Erweiterung des Wortschatzes*
>
> *Konzentrationsförderung*

„Jeder Lernprozess beginnt im eigenen Körper."

Gerald Hüther

Dankbarkeit

Nun ist es schon Abend, die Sonne ist bereits untergegangen und es wird langsam Zeit, sich von unseren Freunden zu verabschieden. Die Urwaldeinwohner freuen sich, dass es uns bei ihnen im Dschungel so gut gefallen hat. Sie mögen den bunten Dschungel, seine artenreichen Bewohner, die vielen Pflanzen und alles, was ihnen der Dschungel gibt. Er ist nicht nur ihre Heimat, sondern auch ihre Nahrungsquelle und Naturapotheke. Dafür sind sie dem Dschungel sehr dankbar.

 ## Achtsamkeitsübung

Dankbarkeitsglas

Denke einen Augenblick darüber nach, wofür du dankbar bist. Vielleicht ist es deine Familie, ein gutes Essen, deine Freunde, der Sonnenschein oder die Hilfe von jemandem. Vielleicht konntest du jemandem Hilfe anbieten oder es ist etwas, worauf du dich freust. Schreibe auf ein Kärtchen, wofür du dankbar bist, und stecke es in das Dankbarkeitsglas. In diesem Dankbarkeitsglas werden eure besonderen Momente gesammelt. Wenn du einmal einen schlechten Tag hast, kannst du ein Kärtchen aus dem Glas ziehen und dich an einen schönen Moment erinnern. **(Klassenraum)**

Ziel
Glück und Zufriedenheit durch positive Gefühle

Differenzierung

Kinder, die noch nicht schreiben können, teilen das, wofür sie dankbar sind, mündlich mit und legen einen schönen Stein ins Glas.

Abschied

Spiel

Naturmandala legen

Um den Dschungel und seine bunten Farben nicht zu vergessen, erschaffen wir gemeinsam ein Naturwerk. Dazu sammeln wir Blätter, Blumen, Stöcke und Gräser und setzen uns in einen großen Kreis. Wir legen die wunderschönen Dschungelpflanzen und Stöcke in die Mitte. Gemeinsam legen wir daraus nun ein Naturmandala. Reihum darf jedes Kind ein Stück Natur aus dem Dschungel auswählen und es auf dem Bodenmandala platzieren. Es entsteht ein wunderschönes und großes Mandala aus Blättern, Stöcken, Blumen, Blüten und Gräsern. Wir betrachten das Naturbild, das wir gemeinsam erschaffen haben, für eine Weile. **(Klassenraum)**

Ziele
Förderung von Kreativität, Konzentration und Feinmotorik

beruhigende Wirkung und Abbau von Stress

Der Stammesälteste ist mit Federn und Farben geschmückt, er sieht sehr feierlich aus. Er steht auf und richtet das Wort in unserer Sprache an uns. Er sagt: „Gehe aufrecht wie ein Baum durch dein Leben, lebe dein Leben und sei so stark wie die Berge. Sei zugleich sanft wie der Wind, der die Blätter tanzen lässt, und bewahre die Wärme der Sonne in deinem Herzen." Unsere Freunde reichen uns die Hände und verabschieden sich mit warmen Worten.

Wir stellen uns in einen Kreis und jeder überlegt sich einen Wunsch. Dann heben wir gemeinsam die Hände und lassen unsere Wünsche fliegen.

Abschied

Bevor wir zur Heimreise in den Flieger steigen, machen wir uns noch einmal locker und blicken auf unsere tollen Erlebnisse aus dem Dschungel zurück. Dann geht es für uns in Richtung Heimat.

Dschungelmassage

Zum Abschluss der Reise setzen wir uns alle im Kreis hintereinander und massieren den Rücken des Kindes vor uns. Wir denken noch einmal an unsere Zeit im Dschungel zurück und erzählen sie mithilfe einer Massage nach. Leg dazu die Hände auf den Rücken des Kindes vor dir und folg dem Rückblick. *Achtung:* Auch du wirst massiert. (Klassenraum)

Sonnengruß	Bewegung
Im Dschungel ist es sehr warm. Die Sonne scheint heiß.	Reibe beide Hände fest aneinander und lege sie auf den Rücken des Kindes vor dir.
Im Dschungel regnet es aber auch oft.	Trommel nun mit den Fingerspitzen erst sanft, dann etwas fester auf den ganzen Rücken.
Der Regen lässt wieder nach und die Dschungeltiere kommen langsam hervor.	Klopfe mit den Fingern nur vereinzelt auf den Rücken.
Eine Schlange (Anakonda) schlängelt sich einen Baumstamm empor.	Schlängel erst mit einer Hand den Rücken entlang, nimm dann die zweite Hand dazu.
Kikhi und seine Kapuzineräffchen-Freunde springen von einem hohen Baum herunter.	Mach mit den Fingern kleine, hüpfende Bewegungen auf dem Rücken.
Eine Vogelspinne krabbelt auf einem Baumstamm.	Krabbel mit den Fingern auf dem Rücken.
Pfeilgiftfrösche hüpfen im Gras umher.	Mach hüpfende Bewegungen mit den Fäusten.
Ein großer und bunter Schmetterling fliegt vorbei.	Wische über Kreuz über den Rücken.
Und die Sonne scheint heiß auf den Dschungel.	Wärme deine Hände wieder an und lege sie auf dem Rücken ab. Wiederhol das einige Male. Lass dann die Hände liegen.

Abschied

Endlich sind wir nach dieser aufregenden Dschungelreise wieder zu Hause angekommen. Nachdem wir uns etwas erholt haben, wollen wir all unsere Sinne und Fähigkeiten noch mal nutzen, um uns an die schöne Zeit im Dschungel zu erinnern.

 **Sprachspiel**

Dschungel-Abc

Zum Abschluss der Dschungelreise bereitet die Lehrkraft ein Plakat vor, auf dem das Abc untereinander aufgelistet ist. Die Kinder suchen in Gruppenarbeit zu einem bestimmten Abschnitt des Abc Dschungelwörter, die mit dem jeweiligen Anfangsbuchstaben beginnen, und schreiben sie dann auf das große Plakat. So entsteht ein schönes Dschungel-Abc.

(Klassenraum)

Abschied

Achtsamkeitsübung

Affirmationen für die Kinder

Die Lehrkraft bereitet verschiedenfarbige Dschungelblüten für die Kinder vor. In die Blüten werden kurze Affirmationen geschrieben (z. B.: Ich bin einzigartig! Ich bin großartig, so wie ich bin! Ich kann alles schaffen! Ich bin beschützt! Ich bin wundervoll, so wie ich bin. Alles, was ich brauche, ist in mir! Ich bin wunderbar!). Die Blüten werden anschließend gefaltet. Alle Kinder setzen sich nun um eine Wasserschüssel und lassen ihre Blüte ins Wasser gleiten. Langsam öffnet sich die Blüte und die Affirmation wird sichtbar. Die Blüte dürfen die Kinder vorlesen, wenn sie es möchten. Dies ist eine schöne Art und Weise, die Kinder zu stärken und die Dschungeleinheit abzuschließen.

(Klassenraum)

Ich bin toll!

Ich schaffe das!

Ich bin gut, so wie ich bin!

Exkurs: Der Wasserkreislauf

Hast du Lust, gemeinsam mit Kikhi den Wasserkreislauf der Natur in Bewegungen nachzuspielen?

 ## Achtsamkeitsübung

Kinderyogazyklus „Wasserkreislauf"

- *Stelle dich aufrecht hin, die Arme sind lang neben deinem Körper. Atme tief ein und aus.*
- Die Sonne erwärmt die Luft: *Hebe die Arme lang nach oben und forme eine große Sonne über deinem Kopf.*
- Das Wasser aus dem Boden und aus den Gewässern verdunstet und steigt als Wasserdampf nach oben in die Atmosphäre: *Drehe jetzt die Hände mit den Handflächen nach oben zur Decke und strecke beide Arme nach oben in die Luft.*
- Die Wolken werden größer und schwerer, das Wasser in den Wolken kühlt ab: *Strecke dich einige Male abwechselnd zur Decke, als wenn du die Wolken kitzeln möchtest.*
- Die Wolken werden zu schwer und das Wasser fällt als Niederschlag auf die Erde: *Beuge jetzt deine Knie an, bewege die Finger im schnellen Wechsel und imitier den Niederschlag. Lass es auf deinen Kopf, deinen*

Oberkörper regnen und komm mit tanzenden Fingern nach unten in Richtung Erde. Wenn es dir möglich ist, berühr den Boden und lass es auch dort regnen.
- Auf dem Boden angekommen kann das Wasser im Boden versickern: *Steige dazu mit deinen Beinen einen Schritt zurück, bringe die Knie zum Boden und den Hintern auf die Fersen. Deine Stirn berührt den Boden und deine Arme sind lang nach vorne gestreckt.*
- Oder das Wasser fließt bergab in das nächste Gewässer: *Drück jetzt deine Handflächen in den Boden, streck die Beine und lass den Hintern nach oben zur Decke zeigen. Stell dir vor, wie das Wasser bergab von dir herunterfließt.*
- *Spring dann wie ein Frosch nach vorne und stell dich wieder aufrecht hin,* nun beginnt der Wasserkreislauf wieder von vorne.

Exkurs: Der Wasserkreislauf

 Sachinformation

Kann das Wasser auf der Erde weniger werden oder ganz verschwinden?

Unser Wasser kann nie zur Neige gehen. Das Wasser bewegt sich in einem Kreislauf, besser gesagt in einer Vielzahl von Kreisläufen, so geht kein Tropfen verloren. Andererseits kann unser Wasser aber auch nicht vermehrt werden, deshalb ist es sehr wichtig, unser Wasser zu schützen und sparsam damit umzugehen.

 **Experiment**

Wasserkreislauf im Glas

So geht's:

Nimm ein Glas mit Deckel und befüll den Boden mit einer Schicht Kiesel, einer Schicht Sand und einer Schicht Erde. Feuchte die Erde etwas an. Füll einen kleinen Behälter (z. B. Flaschendeckel) mit Wasser und stell ihn in die Mitte des Glases. Daneben kannst du einen Samen einpflanzen. Verschließ das Glas nun mit dem Deckel und stell es an einen sonnigen Platz.

Das kannst du beobachten:

Durch die Wärme der Sonne verdampft das Wasser aus der Schale und der Erde und sammelt sich an dem Deckel des Glases. Wenn genügend Wasser verdampft ist und die Tropfen schwer genug sind, regnen sie vom Deckel herab. Nach einigen Tagen wird der Samen keimen, ohne dass er gegossen werden muss, weil der Wasserkreislauf den Samen regelmäßig befeuchtet und er sich so selbst am Leben hält.

Bildquellenverzeichnis

Unter **www.friedrich-verlag.de** finden Sie Materialien zum Buch als Download.
Bitte geben Sie den achtstelligen Download-Code in das Suchfeld ein.

DOWNLOAD-CODE: **d31704kd**

Hinweis:

Das Download-Material enthält alle Materialien dieses Bandes zum Ausdrucken sowie die Lösungen der Seiten.

Durch den Kauf dieses Buches (ISBN 978-3-7727-1704-8) haben Sie das Recht erworben, das ergänzende Download-Material in Ihren derzeitigen und zukünftigen Lerngruppen und Klassen einzusetzen und zu vervielfältigen. So können Sie etwa einzelne Seiten ausdrucken und verteilen oder mit Beamer oder Whiteboard verwenden.

Was Sie **nicht** dürfen:
- das Downloadmaterial oder Teile davon an Kolleginnen und Kollegen weitergeben.
- das Downloadmaterial oder Teile davon in Netzwerke einstellen, wie etwa Schulserver oder Cloud-Systeme, sodass Kolleginnen und Kollegen darauf Zugriff erhalten.
- die Lizenzinformation und Quellenhinweise auf dem Downloadmaterial entfernen.
- bei einer Bibliotheksausleihe des Buches das Downloadmaterial herunterladen.

Bitte tragen Sie im Sinne dieser Lizenz dazu bei, dass wir weiterhin digitales Ergänzungsmaterial für Lehrerinnen und Lehrer bereitstellen können.
Der Verlag behält sich dabei vor, auch gegen urheberrechtliche Verstöße vorzugehen.

Unsere Autorin und der Verlag wünschen Ihnen viel Erfolg bei der Nutzung der Materialien!

Haben Sie Fragen zum Download? Dann wenden Sie sich bitte an den Leserservice der Friedrich Verlags GmbH.
Schreiben Sie uns oder rufen Sie uns an!

Sie erreichen unseren Leserservice
Montag bis Donnerstag von 8 – 18 Uhr
Freitag von 8 – 14 Uhr
Tel.: 0511/40004-150
Fax: 0511/40004-170
E-Mail: *leserservice@friedrich-verlag.de*

Wir freuen uns über Ihre Rückmeldung und helfen Ihnen gerne weiter!